こども六法の使い方

山崎聡一郎

弘文堂

『こども六法』の間違った使い方
――まえがきに代えて――

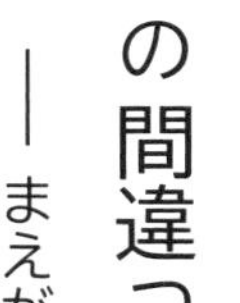

この本は、主に私の著書『こども六法』を手に取っていただいた、大人の方に向けて執筆しました。というのも『こども六法』の刊行後、誰にとっても必要な法律の知識や考え方といった素養《そよう》が、大人にこそ欠けてしまっていると感じたからです。『こども六法』を活用して身につく知識や考え方は、世の中の理不尽《りふじん》に声を上げたり、身の回りで起きるトラブルを回避《かいひ》したりする上で役立つものです。

しかし、こういった知識や考え方のような法的素養は『こども六法』に書かれた法律の条文をただ読んだだけで身につくものではありません。毎日の生活の中で身近なできごとに当てはめて考えてみたり、なにが問題なのかを調べたり、周囲の人たちと議論したりすることを通じて、はじめて身につくものです。

つまり、『こども六法』を通じて子どもたちが法的な素養を身につけるためには、大人とのコミュニケーションが不可欠ということになります。そして、その相手となる周囲の大人にも同じ素養が求められるのです。本書を読んでいただくことで、子どもよりも先に、大人の方に法的な素養を身につけていただくことが、この本のゴールです。

『こども六法』の原点となったいじめ体験を受けたのは、私が10歳の頃でした。その後、いじめから逃れて進学した中学校で六法全書と出会い、そのときの衝撃《しょうげき》が『こども六法』を形にする原動力となりました。

『こども六法』の出版に至るまでは、さらに13年もの年月がかかりました。まだ20代の私がこんなことを言うと笑われるかもしれませんが、私にとって『こども六法』は、まさに半生をささげた、悲願《ひがん》の一冊なのです。

『こども六法』の完成は、誰もが想像しなかったほど大きな反響とともに受け入れられました。これは私にとっては「自分の欲していたものを、多くの人が同じように欲していたのだ」という安心感と達成感をもたらしてくれる結果でした。

けれど裏を返せば、この事実は「いじめで悩み、または、今はまだ悩んでいなくても、いずれは被害・加害に関わるかもしれないという不安を抱えていらっしゃる方が、これほど多くいるのだ」ということを示しています。

このような状況を打開し、『こども六法』という本が必要なくなる世の中を実現することが、私が次なる半生をささげるテーマになるでしょう。

しかし、この現状は絶望的なものではありません。『こども六法』が広まったことによって、多くの子どもたちに、「悩みに直面したときには法律が力になってくれる可能性がある」と伝えることができました。このことは、私がいじめ問題へのアプローチ手法として研究・実践を続けてきた「法教育」の普及に向けた、大きな一歩でもあります。

「法教育」という言葉は、今まで聞いたことがあったでしょうか。

「法教育」という言葉のイメージから、「法律の条文を丸暗記させるのかな」「勉強するのが大変そうだな」と思う方もいらっしゃるかもしれません。

しかし法教育はその堅苦《かたくる》しいネーミングに反して、実はとても面白く、ワクワクする教育です。法教育は、法律が守ろうとしているものや、価値観、考え方を身につけるための教育なのです。

私は学生時代から法教育の面白さに魅了《みりょう》され、法教育をいじめ問題の解決に応用する方法を考えてきました。

法制度は人と人との間に生じる意見のすれ違いや争いを調整し、すべての人びとが安全で快適な生活を送れるようにするための仕組みです。だからこそ、子どもたちが法教育によってその理念と技術を学べば、いじめ問題の解決にもつながると考えたのです。その目標までの長くて遠い道のりの第一歩として、私は『こども六法』を書きました。

しかし、『こども六法』は教科書や解説書ではなく、あくまでも法律の条文をたくさん載《の》せた、ただの辞書にすぎません。そこで、『こども六法』に次ぐ一歩として、この本を書くことにしたのです。

なぜ、子ども向けの続編ではなく、大人向けの解説書を書こうと思ったのかというと、『こども六法』を手に取っていただいた大人の読者から、気がかりなご意見がたくさん寄せられたからです。

それは、「『こども六法』があれば、子どもにやってはいけないことを、根拠をもって教えられる」というものです。

つまり大人たちの多くは、「悪いこと」をした子どもを叱《しか》るときに、「法律でダメって決まっているんだから、そんなことしちゃダメでしょ！　ほら、『こども六法』にもそう書いてあるじゃない！」というふうに『こども六法』を使おうとしているのです。

ですが、これは『こども六法』の使い方としては望ましくありません。なぜなら、「法律で禁止されているから」と教えられたときに子どもたちが抱く「なぜ法律を守らなければいけないのか」という疑問に一切答えていないからです。

この疑問に対する多くの大人たちの答えは、「法律に違反したら罰が与えられるから」というものでしょう。

しかし、この理由は自分の中から導き出した答えではありません。そしてこの理由に対する納得感のなさは、「だったら、バレなければ犯罪をしてもいいんだ」という安易《あんい》な思考につながります。「誰かをいじめても先生にみつからなければ怒られない」というのと同じです。

このような思考がいじめの潜在化《せんざいか》・陰湿化《いんしつか》を支える原因になっているケースもあるでしょう。「いじめをしてはいけない」と「法律を守らなければいけない」は、どちらも心から納得したうえで守らないと意味がないのです。そして、子どもに納得してもらうためには、「なぜ法律を守らなければいけないのか」という疑問に徹底的《てっていてき》に答えなければいけません。

人間は自分の納得していない行動を続けることはできません。たとえば「今後はエレベーターやエスカレーターを使わずに、階段で移動してください」という指示を受けたとき、一日くらいであれば嫌々でも実行できるかもしれませんが、「命令だから」という理由だけで一週間、一か月と続けることはできません。一方で、「階段を使うと健康になれますよ」といった積極的な理由がつけば、ただ「階段を使え」と言われるよりも階段を使うモチベーションは上がるはずです。

思えば何らかの継続的《けいぞくてき》な取り組みをしたり、あえて不便な制限を受けいれたりするときは、ほとんどの場合、自分が納得できる理由を持っているのではないでしょうか。

ところがこれが法律の話になると、多くの方は、「なぜ法律を守らなければいけないのか」という問いに対する答えを持っていないことが少なくありません。大人になるまでに受ける教育の中で、法律の存在意義《そんざいいぎ》を自分で考える機会が少ないからです。

そして、自らの子どもに法律の大切さを教えるために、自分が言われてきたように「法律だから守れ」と子どもにそのまま教えます。これでは順法意識《じゅんぽういしき》（法律を積極的に守ろうとする意識）が高まらないのも当然です。

では、「なぜ法律を守らなければいけないのか」という子どもたちの問いかけには、どう答えればいいのでしょうか。そのために『こども六法』はどうやって活用すればいいのでしょうか。

その答えは、子どもの個性や発達段階《はったつだんかい》によって変わってきます。てっとり早い答えがないことは残念ですが、目の前にいる子の理解度に合わせた答えを見つけるヒントを提示しようとしたのがこの本です。

この本では法教育の目的や重要ポイントについて、そして法教育の基本となる大切な考え方について、できるかぎりやさしく、興味をもっていただけるように書きました。

また、私はまだ子育て経験はありませんが、子どものためによかれと思ってついやってしまいがちなしつけや言動《げんどう》について、子どもの延長にいる者としての視点から意見を述べてみました。

この本の内容は『こども六法』の活用だけではなく、子育てのあらゆるシーンにおいて、きっとお力になれるはずです。

最後に、先ほどの「なぜ法律は守らなければいけないのか」という質問への回答も兼ねて、この本のスタンスと、私の夢をお話しして、このまえがきを締めくくりたいと思います。

私が大切にしたいのは、あらゆる法律が「すべての人はどんなことでも自由にすることができる」という前提《ぜんてい》の上にある、という考え方です。

一見すると人々の自由を縛《しば》るもののように思われる法律は、実は「大人も子ども関係なく、一人ひとりの人間には無限の自由がある」ということをスタート地点にしています。

ただし、すべての人が「完全な自由」を実践した場合、必ずどこかでぶつかり合いが生まれ、どこかで暴力や略奪《りゃくだつ》が行われ、強い者が弱い者をいじめるようなことが起こります。

そこで、このような理不尽な人権侵害《じんけんしんがい》を防ぎ、お互いの利益を調整するために、私たちは法制度という枠組みを作り、守っていくことにしたのです。

このような理解を私たち大人が深め、その理解を共有したうえで『こども六法』を活用していくことで、いじめ問題解決はもちろんのこと、日本全体をよりよい環境にしていくことができるのではないでしょうか。

それが私の夢であり、この本がそのための第一歩となればいいなと願っています。「民主主義《みんしゅしゅぎ》」という言葉を、教科書に出てくるお堅い知識として覚えるのではなく、私たちの手の内にある実感として学び取っていくことは、子どもはもちろん、私たち大人にとっても、とてもワクワクすることではないでしょうか。

もしもあなたが『こども六法』を手にしたとき、「法律ってこういうことだったんだ！」という驚きと感動をお子さんと一緒に味わったのであれば、この本もきっと刺激的な一冊になると信じています。

こども六法の使い方●目次

第5章 法律は自由の敵なのか

第6章 なぜ子どもは校則を守らないのか 123

第8章 なぜ人のせいにする大人に育つのか

第1章

いじめ問題に法教育が「使える」理由

日本の教育現場に横着な発想を

私はあらゆることを、楽に楽にこなそうとする性格です。

必要があれば真正面から苦労することに取り組みますが、近道がありそうだと思えばすべて試してみるのです。そのため両親からはいつも「横着《おうちゃく》をするな！」と怒られてきました。

「法教育を通じたいじめ問題解決」というのも、実は横着な発想です。

法教育は法的な思考力を身につけさせるための教育であり、いじめ問題を解決するための教育ではありません。

それではなぜ私が、もともといじめを解決するためのものではない法教育という手法を、いじめ問題解決の方法として応用しようと考えたのか、この二つの共通点は何かということを最初にお話ししていきたいと思います。

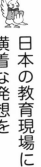

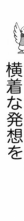

教育現場は忙しすぎる

教育問題に少なからず関心をお持ちの方であれば、日本の学校が、そして先生方が、多忙化《たぼうか》の問題を抱えていることはご存知のことと思います。

働き方改革などどこ吹く風、先生方の毎月の残業時間は当たり前のように一〇〇時間を超え、放課後はボランティアでの部活指導に時間を割かれ、学校の外で起きた問題に対応を求められることもあります。最近ではモンスターペアレントのような問題と直面することもあります。教員採用試験《きょういんさいようしけん》の倍率は低下に歯止めがかからず、あえて煽《あお》るような言い方をするなら、「すでに教育崩壊《きょういくほうかい》に向けた負のスパイラルに入っている」という状況です。

いじめが原因となった子どもの自殺事件が起きると、しばしば教師によるいじめの隠蔽《いんぺい》や不十分な対応が問題にされがちです。ただ、先生方の名誉のために申し添えれば、本来は何よりも優先されるべき命の問題にすら対応する余裕がないほど、度を超えて忙しいのが現代の学校なのです。

こんな状況下では、もし「いじめ問題に有効な教育プログラム」が開発できたとしても、それに学校が取り組む余裕はないのではないか——私が大学一年生でいじめ問題に取り組むことを決めたときに、真っ先に考えたのはそのことでした。

そんなときに出会ったのが法教育だったのです。

法教育とはなんだろう？

法教育とは、「法律専門家ではない一般の人々が、法や司法制度《しほうせいど》、これらの基礎になっている価値を理解し、法的なものの考え方を身につけるための教育」と定義《ていぎ》されています（法務省ホームページより）。

法律はもともと、法律家など一部の専門家が独り占めするためのものではありません。その国に生きるすべての人たちの「安全で快適な生活」を実現するためのものです。

法教育は、法律の存在意義《そんざいいぎ》や、法律が実現しようとしている理想を理解することを通じて、順法意識《じゅんぽういしき》を高めるだけでなく、政治参加の意義を認識してもらうことを目指しています。

また日常におけるもめごとを、法的な考え方で解決できるようにすることも目指すとしています。

『法教育のめざすもの――その実践に向けて』という本には、法教育の目的について以下のように述べられています。

> さまざまな考え方や価値観を持ち、多様な生き方を求める人々が、お互いの存在を承認し、尊重しながら、ともに協力して生きていくことのできる社会、より簡潔な言い方をすれば、「みんなとともに自分らしく生きることのできる社会」を構築・維持するために、法がいかなる役割を果たし、また果たすべきか、それを理解し学んでいこうとするもの、それが法教育なのです。
>
> （大村敦志・土井真一、商事法務、二〇〇九年）

未来を生きる力としての法教育

それでは、このような教育が必要とされている理由はなんでしょうか。そして法教育といじめ問題解決には、一体どのような関係があるのでしょうか。

一般的に、法教育が必要とされる理由として例に挙げられることの多い社会の変化は、「**裁《さい》判員制度《ばんいんせいど》の導入**」と「**18歳選挙権**」、そして「**成年年齢《せいねんねんれい》の18歳への引き下げ**（二〇二二年四月より施行）」の三つです。

私はこれに「**グローバル化による社会の変化**」も加えたいと考えています。

グローバル化という言葉そのものは10年以上前からありましたし、今はむしろローカルへの逆《ぎゃっ》行《こう》が起きているという議論もあったりしますが、あなたの実感はいかがでしょうか。

私個人の感覚としては、グローバル化は私たちの生活にまで入り込み、すでに切っても切り離せないものになっていると感じています。

電車内で見かける案内表示は日本語と英語だけでなく、中国語や韓国語なども含めた複数《ふくすう》言語表記《げんごひょうき》になり、学校の同級生にも、職場の同僚にも外国籍の人を多く見かけるようになりました。全生徒・学生を海外に留学させる高校や大学も少なくありません。新型コロナウイルスの影響で一時的に後退した感もありますが、今後もグローバル化は進んでいくでしょう。

グローバル化の進行は多様化の進行です。どんな食べ物が好きか、どんな言語を用いるのか、どんな神様を信じているのか、または信じていないのか、肌の色は何色か、といったありとあらゆる側面において、「私たち日本人」とは異なる特徴や思想、共通認識などを持つ人たちが身近に増えているのです。

一方で、日本人の間でも価値観の多様化が進んでいます。グローバル化の影響もあって、私たちの社会を構成する人々の価値観が、どんどんバリエーション豊かなものになっているのです。最近の話題では、ＬＧＢＴＱのような性自認や性的指向、ベジタリアンやヴィーガンといった食文化などが挙げられるでしょう。

フリーランスという働き方も広く認識されるようになってきました。私が中学生くらいの頃はニートという生き方に憧れる同級生が多かったのですが、現代の子どもたちの将来の夢で人気なのは動画クリエイターだそうです。

この本を読んでいる方の中には、これらの価値観に「すばらしい」と賛同する方もいれば、理解できないけれど否定はしないという方、「許せない」という方もいらっしゃるでしょう。どの立場に立つかは個々人の自由なので、善し悪しはありません。法律上では、憲法で保障された「思想・良心の自由」（憲法第一九条）という権利で保護される範囲といえるでしょう。

しかし人間はそこまで完成された動物ではありませんから、自分と相容《あいい》れない考え方の人と会ったり、主張を見かけたりしたときには、不愉快《ふゆかい》な思いをしたり、場合によっては攻撃したいという衝動《しょうどう》に駆《か》られたりします。グローバル化や価値観の多様化が進めば、見た目や考え方が異なる人と遭遇《そうぐう》する可能性は高まりますから、もめ事やトラブルが生じる可能性も高まっていくことになります。

時には自分の権利が他人によって侵害《しんがい》されることもあるかもしれません。

しかし、侵害された自分の権利を守るために、相手に対して何をやってもいいのかというと、そうではありません。「やられたらやり返せ」の先には、弱肉強食の、無秩序《むちつじょ》で混沌《こんとん》とした世界があるのみです。

そこで役割が大きくなっていくのが法制度です。法制度は、このように異質な部分をお互いに持つ人間が、それぞれの中に違いがあることを前提として、うまく共存するために作られてきました。論理的にお互いの権利を守り、客観的にトラブルの内容を把握《はあく》し、公正に解決するための仕組みです。そして、この仕組みを整える一方で、暴力や脅《おど》しを用いてもめ事を解決することを禁止しています。

法制度は完璧な制度ではありませんが、これまでに人類が経験してきたさまざまな悲劇や失敗をふまえてブラッシュアップされてきたものであり、その役割は今後いっそう強く求められるようになると考えられます。

そして、だからこそ、適切に救済《きゅうさい》を求めることができる人が、適切に救済される時代がやってくると言えます。これは要するに、相手に嫌なことをされたときにすぐに殴り返してしまうような人はもちろん、より残酷《ざんこく》な話としては、権利を傷つけられても泣き寝入りする人は助けてもらいにくい世の中になるということです。

ですから**これからの時代を生きていく上では、法律で認められた方法で「助けてください！」と言えるようになる力が、自分を守る力になる**のです。

これからの世の中は、グローバル化や価値観の多様化によってますますもめ事やトラブルが起こるようになり、それを解決するために法制度を活用する機会が増えたり、法的な考え方がトラブルの解決に役立てられたりするようになっていくでしょう。

その準備の意味でも、法教育を普及《ふきゅう》させていくことは重要なのです。

なぜいじめ問題に法教育なのか

ここまで法教育の重要性が増していく背景についてお話ししましたが、勘《かん》のいい方はすでにいじめ問題との関係にお気づきかもしれません。

いじめは、人間が自分自身や、自分たちのコミュニティを守るために「異質な他者」を排除しようとする行動です。その意味で**いじめは、人間関係があるところでは必ず発生する問題である**と言えます。

ですから、いじめは学校だけの問題ではなく、大人の人間関係においても発生します。大人の間でいじめが生じた場合は、「犯罪」「ハラスメント」のように名前を変えて、より厳格な対応が求められる場合がありますが、実はこういった問題は子どものいじめ問題と地続きなのです。

軽い悪ふざけやコミュニケーションのすれ違いといった水準であれば、法的な考え方が本人同士の話し合いでトラブルを解決するヒントになるでしょう。「いじめ」が深刻化し、本人同士で解決するのが難しくなった場合には、法制度の活用が解決策の一つとして浮上してくることもありえます。このように「いじめを解決する方法」のバリエーションを増やす上で、法教育は役に立つと考えられるのです。

また、法律を学ぶことで、いじめの抑止《よくし》に繋《つな》がる可能性もあります。他者の人権を侵害することがどのように自身に跳《は》ね返《かえ》ってくるのかを論理的に理解したり、犯罪に当たるいじめをすればどのようなサンクション（刑罰のような不利益）が自分に降りかかってくるのかを理解したりすれば、あえていじめ行為をする動機は薄れていくでしょう。

もちろんいじめの加害行為《かがいこうい》はしばしば加害者としての自覚がないまま、「正当な行為だ」という認識《にんしき》のもとに行われたり、場合によってはむしろ被害者のつもりで行われたりすることもあります。そのため法教育によるいじめの抑止効果は絶対と言い切れるものではありません。

しかし、たとえ抑止に効果がなかったとしても、**子どもたちに法的な考え方を身につけさせておくことは、「もめ事の解決策」としていじめを選択してはいけないこと、そして選択してはいけない手段を選択したことを反省させる上で、有効な土台となりうる**のです。

法教育の誤解

「法律を学ぶ」というと身構えてしまう方もいらっしゃるかもしれませんが、法教育は小むずかしい法律用語を暗記することを目的とする、知識偏重《ちしきへんちょう》の教育ではありません。

「法律の勉強って、イヤだな」と感じたあなたは、もしかしたら小中学校での公民の授業にいい思い出がないのかもしれません。

「すべて国民は、法の下に平等であって、人種、信条、性別、社会的身分又は門地により、政治的、経済的又は社会的関係において、差別されない」（日本国憲法第一四条）「すべて国民は、健康で文化的な最低限度の生活を営む権利を有する」（同第二五条）といった、日本国憲法の条文を丸暗記した記憶はあるでしょうか。

興味が湧《わ》かず一切覚えられなかったという方も、当時は覚えたけれど今や遠い記憶という方もいらっしゃるでしょう。何より、その意味するところまできちんと理解していたという方はどれくらいいらっしゃるでしょうか。

ふだん生活していてもまったく必要とは思えない憲法の条文を丸暗記することに意義を感じられないこと、むしろ強い抵抗を感じることは恥ずかしいことではありません。そして、このような教育の「成果」として印象付けられた、「法律とは条文を丸暗記するもの」という負のイメージは、「法」全体に対して連想されるものになってしまっています。

だからこそ、「法教育」という言葉を耳にされた方の多くが、反射的《はんしゃてき》に「つまらなさそう」「興味がない」という印象を抱いてしまうのでしょう。

私の個人的な意見を述べさせていただくなら、法教育の最大の失敗は「法教育」というネーミング自体にあると考えています。

実際には、法教育はじつに面白く、ワクワクする教育です。法教育の研究に携わっている先生方は研究と実践を心から楽しんでいます。

法律を新たに作ること、変えること、もめ事を法的な手続きを通じて解決すること、法制度の仕組みと、そういう仕組みになっている理由を知ることなどなど、学べば学ぶほど法律は私たちの生活に身近で、「うまくできているなあ」という実感を得ることができます。

また、法的なものの考え方は「論《ろん》理《り》的《てき》思《し》考《こう》力《りょく》」や「メディアリテラシー」といった、昨今《さっこん》ひときわ必要性が叫ばれている知識・能力とも密接に関わっています。

法教育で学べる力は、日本全体という大きな社会だけではなく、友達や地域、仕事の同僚といった小さな社会の人間関係でも役に立つものです。**法教育を通じて身につくのは、円滑《えんかつ》なコミュニケーションと、お互いの安全で快適な共存を実現する力**なのです。

このように考えると、「法教育」で身につけられる力を、子どもに授けるだけではもったいない気がしてきませんか。

法律を通じて学ぶことができる考え方は、大人と子どもの間で地続きになっているいじめやハラスメントといった社会問題を乗り越える上で、とても有意義です。そして、親子で学ぶことでお互いのコミュニケーションを深めることができるばかりか、親子二人三脚で社会を良くしていくことができます。

『こども六法』を入り口として進めていく法教育は子どものためだけのものではなく、大人にとってもまた、有意義でワクワクする体験になるはずです。

法の精神を伝えるために

NPO法人 ストップいじめ!ナビ理事/弁護士　真下麻里子

みなさんは、本書をどのような目的で手に取りましたか?『こども六法』をより有効に活用したい。親子で法を一緒に学びたい。もしかすると、今の状況を少しでも変えるきっかけを探したい、そういったお気持ちでいらっしゃる方もいるかもしれません。

実は、「法を知る」ことは「力を得る」こととほぼ同じです。法治国家である私たちの国では、法を知ることは国の仕組みを理解することを意味するからです。この点、本書の著者である山崎聡一郎さんは、子どもが自分の身を自分で守ることができるよう『こども六法』を執筆し、大人が子どもを守ってあげられるように本書を執筆しました。山崎さんが弱い立場にある人を守るために「力」(法の知識)を使っていることがわかります。

他方、「力」にはさまざまな使い方がありますから、「こんなことをしたら犯罪になるよ! 捕まっちゃうよ!」など、大人が子どもに言うことを聞かせる手段にもなりうるかもしれません。

でも私はみなさんに、そんなふうに『こども六法』で得た知識を使って欲しくないと思っています。法の知識を、誰かの権利や尊厳を「尊いもの」として扱うために役立てて欲しいと思っています。誰かを抑圧する手段ではなく、守る手段として「力」を使って欲しいのです。

そのためにはまず、自分自身の権利や尊厳が「尊い」ことを知ることが必要です。自分が尊重されていないと感じているのに、誰かを守ることなどできないからです。そうした気持ちのまま法を使おうとすると、「私もルールを守っているんだから、あなたも守りなさい！」と、どうしても相手を抑圧する方向に使いたくなってしまいます。

『こども六法』を読みながら、各法律がどのような価値を「守りたい」と考えているかをぜひ検討してみてください。そうすればきっと、この社会が尊重したいと考えている「個人」の中に、「私」が当然に含まれていることを感じられるでしょう。同時に、法があらゆる場面を想定して、「私」の権利や尊厳を守ろうとしていることにも気付くはずです。

私たち大人が『こども六法』を通じて子どもたちに伝えていきたいのは、そうした法の精神なのだと私は思います。

第2章

なぜ道徳だけでは不十分なのか

道徳至上主義と法律万能主義

『こども六法』では法律の知識を、いじめから脱出するための道具の一つとして紹介しています。

このことについては、多くの批判と、それ以上の賛同が寄せられました。

批判として多かったのは、「法律なんかより道徳の方が大切だ」というご意見、そして賛同で多かったのは、「道徳なんかでいじめは防げない。いじめはすべて犯罪にするべきだ」というご意見です。

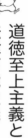

この二つは一見すると真逆《まぎゃく》ですが、実はどちらも必要な観点であり、同時に不十分な観点でもあります。

法律と道徳は共通点と相違点《そういてん》を持ちつつも、それぞれ矛盾《むじゅん》するものではなく、補《おぎな》い合うことのできるものだと、私は考えています。「道徳さえあれば犯罪は起きない」という道徳至上主義《どうとくしじょうしゅぎ》も、「道徳などという曖昧《あいまい》なものは不要であり、すべて法律で処理するべきだ」という法律万能主義《ほうりつばんのうしゅぎ》も、どちらもそれだけでは不十分なのです。

たしかに「法律違反《ほうりついはん》をするとペナルティがある」と教えるよりも、「人の道に外れることをしてはならない」、「いじめをすると被害者がどう感じるかを考えろ」と教育するほうが重要だ、という意見はしごく真っ当に思えます。しかし、だからといって法教育は不要だと主張する方は、法律とはどういったものかということについての理解が不十分です。

一方で、いじめの中には明らかに犯罪に相当するものもありますから、「被害者がかわいそう」という感情論《かんじょうろん》ではなく、「それは犯罪だから罰《ばつ》を受けろ」と主張する方が、抑止効果《よくしこうか》が高い気もします。しかし、この意見もまた、「法律は不完全で限界を持つものである」という前提を認識していません。

たしかに法律はペナルティを予告することによって人権侵害《じんけんしんがい》を予防する側面があることは、誰でも知っています。

しかし私たちは果たして、「刑罰が怖いから犯罪をしない」のでしょうか。

もちろんそういう人もいるでしょうが、多くの方は「別に刑罰がなくたって人を殴ったり殺したりなんかしない」と思うのではないでしょうか。

このように考えると、道徳意識《どうとくいしき》さえ高まれば法律は不要なように思えてきます。では、道徳の行き渡った社会では法律は不要なのでしょうか。

「人は殺さない方がいいよね」、「人を殴《なぐ》らない方がいいよね」、「人のものは盗まない方がいいよね」という道徳観を全員が共有するだけで、現実の社会で犯罪になるような人権侵害が根絶できるのでしょうか。

残念ながら、**どんなに道徳意識を徹底《てってい》しても、殺人や暴力や盗みといった犯罪をなくすことはできません。**

たとえば、コロナ禍で失業して住む場所をなくし、食べるものを買うお金もない人が切羽詰まって食料を盗んだとしましょう。この場合、その人が「盗みをするくらいなら死を選ぶ」という高い道徳心をもっていないからといって非難することができるでしょうか。

逆に「借りを返す」、「仇《あだ》を討《う》つ」といった言葉が示すように、暴力が道徳によって正当化される可能性もあります。

だからこそ誰にとっても明らかな人権侵害については法律によって禁止し、一定のペナルティをあらかじめ決めて、告知しておくことに意義があります。道徳が浸透した世の中にあっても、明らかな人権侵害については法律があった方が安心ですし、実際には多くの場合において道徳と法律は矛盾《むじゅん》しないのです。

かといって、「道徳を教える必要はない。すべて法律で処理すればいい」という主張も正しいとは言えません。

典型的なマナーである「あいさつ」を例に考えてみましょう。

学校ではマナーとして、「おはようございます」、「ありがとうございます」、「ごめんなさい」、「さようなら」のようなあいさつをきちんとしましょうと習います。あいさつは社会生活の基本といわれ、円滑《えんかつ》なコミュニケーションを実現するために重要な役割を果たすことは多くの方に同意していただけるでしょう。

では、「あいさつ」というマナーを徹底させるために「あいさつをしなかったら罰金刑《ばっきんけい》にする」という法律を作ったらどうでしょうか。罰金刑を受けないように、会う人すべてに一人残らずあいさつをしなければならないとしたら、そんな世の中はかえって息苦しいのではないでしょうか。

道徳やマナーは、「そうしなければならない」ではなく、「そうしたほうがいい」という水準《すいじゅん》で存在することに意義があります。

道徳やマナーの浸透《しんとう》は人間関係を円滑《えんかつ》にし、同じコミュニティに生きる人たちのより快適な生活を実現します。しかし、それは罰則《ばっそく》を伴う法律とは馴染《なじ》まないことが多く、また「ローカルルール」と呼ばれることもあるように、地域やコミュニティによって内容が変わったりもします。道徳は道徳のままであった方がよいこともあるのです。

このような法律と道徳の関係性について一言《ひとこと》で表した格言《かくげん》があります。ドイツのイェリネックという公法学者《こうほうがくしゃ》の「法は最低限の道徳である」という言葉です。

法律は基本的に社会の道徳と一致していることが求められますが、道徳のすべてをカバーする必要はありません。だからこそ最低限で十分ですし、最低限にとどめなければならないのです。

法教育と道徳教育はお互いに密接《みっせつ》な関係があり、片方があれば片方は不要であるというものではないことがおわかりいただけたでしょうか。

もちろん、法律と道徳をめぐる議論はとても複雑でいろいろな考え方があり、ここでの説明はあくまでも私の個人的なひとつの意見だということをご承知《しょうち》おきください。

法律と道徳の違いはなんだろう？

法律と道徳の共通点は「人間関係を円滑《えんかつ》にし、相互《そうご》に快適な生活を実現すること」といえます。

では相違点《そういてん》はどこでしょうか。

たとえば次のような点が、主な違いとして挙げられるでしょう。

● 法律には国家権力による罰則《ばっそく》があるが、道徳にはない

- **法律は原則として明文化されているが、道徳は明文化されていないものも多い**
- **法律は行為のみを制約するが、道徳は内心まで制限することがある**
- **法律は論理的であることが求められるが、道徳は必ずしも論理の制限を受けない**

このうち、一つ目の「法律には罰則がある」という点が道徳と最も異なる点であり、あとの三点はこの「罰則」を正当化する上で前提となるものです。

罰則があるというのは、強制力があるということです。罰則とは、「強制的な人権侵害《じんけんしんがい》を国家権力によって正当化する」ということですから、かなりギリギリの最終手段でもあります。

そのため、法律は誰の目から見ても明らかな形で明文化される必要があり、合意形成のプロセスを経て制定や改正が行われ、手続きを含めて論理的かつ客観的であることが求められます。

また、法律によって人の心の中を制限することはその性質上、実際には不可能です。**法律は「相手を殺す」という行為を禁じることはできますが、「殺したいと思う」という感情や思考を禁じることはできない**のです。

なぜなら、誰が何を考えているか、ということは、客観的に把握することができないからです。感情や思考を禁じて罰則を科してしまうと、どんな相手に対しても「お前は誰かを殺したいと思っているな!」と言いがかりをつけて刑罰を与えることができるようになってしまいます。

「そんなことは本人が否定したら不可能だ」と思うかもしれませんが、歴史の中で思想を禁じられたことは実際にあり、その禁じられた思想を抱いていることを残虐《ざんぎゃく》な拷問《ごうもん》によって引き出すという非道《ひどう》な行為が繰り返し行われてきました。

このような歴史から得た反省から、現代では法律を通じて感情や思考を禁じることはできないのです。

こうした法律の基本的な性質を理解することが、法教育においてはたいへん重要です。

「殺人を犯したら法律で罰せられる。だから人を殺してはいけない」と教えるだけでは不十分で、「人を殺したらどうして罰を受けるのか」、「なぜその罰が法律で決められているのか」、「人を殺したいと思うだけではどうして罪にならないのか」について理解させることが大切なのです。

親子で法律について話し合うときにも、「なぜ」「どうして」という視点を持つだけで心がけや意識が変わってくるはずです。

そして、今ある法律が完全なものではないことも覚えておいてください。

法律がつねに変わっていくのは、法律に一〇〇点満点はないからです。また、制定されたときには80点くらいの法律だったのに、時代が移り変わっていく中でほぼ0点になってしまうということも珍しくありません。

ですから、法律について考えたり話し合ったりするときも一〇〇点満点を目指す必要はありません。テレビのニュースを見ながら感想を言い合ってみるだけでも十分です。

時には親子で意見が食い違うこともあるでしょう。そんなときも、頭ごなしに子どもの意見を否定するのではなく、逆に子どもの主張に対する理由づけを手伝ってあげてください。主張そのものの正確さが重要なのではなく、主張や意見の根拠《こんきょ》となっている理由の説得力が重要なのです。

法教育と聞くと、弁護士のような専門の資格を持った人に出張授業をしてもらうことと思いがちですが、必ずしもそうではありません。

日常生活の中において「これは法律では禁止されていないけれどやっちゃいけないことだよね。どうしてだと思う?」、「この事件は道徳的には許されないけれど裁判では無罪になった。どうしてだろう?」といった疑問を出して、自分たちなりに考えて話し合うことも立派な法教育なのです。

忠臣蔵で考える法律と道徳の矛盾

ここまでの話の中に、「法律は最低限の道徳であって、ほとんどの場合、法律と道徳は矛盾《むじゅん》しない」というポイントが登場しました。ですが、「法律と道徳が矛盾するように見える」という事態《じたい》は、実際には起きることがあります。

現代の話ではありませんが、「忠臣蔵《ちゅうしんぐら》」で知られる赤穂事件《あこうじけん》は、法律と道徳の矛盾が引き起こした悲劇《ひげき》といえるでしょう。

事件の詳細は長くなるのでここでは解説しませんが、赤穂事件は江戸時代に起きた47人の武士（四十七士《しじゅうしちし》）による、主君《しゅくん》の汚名《おめい》を晴らすための仇討《あだう》ち事件です。

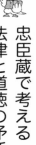

この四十七士の討《う》ち入《い》りは、当時の政治を担《にな》っていた江戸幕府《えどばくふ》が作った法律に違反していたため、全員が切腹処分《せっぷくしょぶん》を受けました。ですが、一方でそのころ幕府が支持していた道徳観である、朱子学《しゅしがく》という儒学《じゅがく》の思想は「主君に忠誠《ちゅうせい》を尽《つ》くすべし」と教えていました。したがって四十七士の行動は、当時の道徳観には沿っていたのです。

当時の価値観でいえば、自分が仕えている主君、今でいうリーダーやボスの命令に忠実に従うだけでなく、主君の名誉《めいよ》を立てたり守ったりすることは、重要なことだったのです。この価値観に従えば、主君の名誉を傷つけた相手に仇討ちをすることは、道徳的にはむしろ称賛《しょうさん》されるべきことでした。

幕府もまた、自身が定めた法律と道徳観の間で悩むことになりました。最終的には道徳より法を優先するという結論を下しましたが、この判断が正しかったかどうかは長きにわたって議論され続けてきました。幕府ですら道徳と法律のバランスに苦慮《くりょ》する事件だったのです。当時の人たちがこの討ち入りを恐ろしい犯罪としてではなく、人情に篤《あつ》い人々による美談《びだん》ととらえたのも無理はありません。

この事件はその後、人形浄瑠璃《にんぎょうじょうるり》、歌舞伎《かぶき》、そして映画と形を変え、人々に広く親しまれる物語となりました。現在でも毎年のように忠臣蔵の義士《ぎし》たちを称揚《しょうよう》するドラマが放送されるのは、当時の道徳観が現代の人たちにも引き継がれているからとも言えるかもしれません。

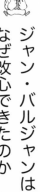

ジャン・バルジャンは なぜ改心できたのか

四十七士の事件は「道徳的には正しいことをしたけれども法律では有罪だった」というストーリーですが、これとは逆に「法律では間違ったことをしたけれども道徳によって救われた」というストーリーもあります。

ミュージカルとしても知られるヴィクトル・ユゴーの小説『レ・ミゼラブル』に登場する、銀の燭台《しょくだい》（ロウソクを立てる台）のエピソードです。この話は道徳の教科書でも取り上げられているのでご存じの方も多いと思います。

主人公のジャン・バルジャンは困窮《こんきゅう》の末にパンを盗んだ罪で投獄《とうごく》され、余罪《よざい》に加えて繰り返し脱獄《だつごく》に失敗したことで刑期《けいき》が伸び、じつに19年もの間、刑務所で服役《ふくえき》しました。刑務所を出て誰も信用することができなくなった彼が野宿《のじゅく》をしていたところ、一人の司教《しきょう》に声をかけられ、教会に招き入れられます。司教も決して豊かではなかったものの、たった一つの財産ともいえる銀の食器を使ってジャン・バルジャンに食事をふるまい、一夜の宿を提供したのです。しかし心が荒《すさ》みきって自分のことしか考えられなくなっていたジャン・バルジャンは、司教が眠った後、銀の食器をこっそり盗んで教会を抜け出します。

貧しい身なりと立派な銀食器はあまりにも不相応《ふそうおう》であったことから、ジャン・バルジャンはすぐに警官に捕《つか》まり、教会に突き出されました。すると司教は怒るどころか、「その銀食器は私が差し上げたものです。しかし、どうしてお忘れになったのか。この銀の燭台も差し上げたのに」と、残っていた銀の燭台まで差し出したのです。

司教の機転《きてん》によって再び刑務所に戻ることを免《まぬか》れたジャン・バルジャンは心を入れ替え、銀食器を売って得た資金で真人間《まにんげん》として生きていきます。けれど銀の燭台だけは売らずに、最期《さいご》まで大切に持ち続けていました。

これは長大な物語である『レ・ミゼラブル』冒頭のエピソードです。主人公がのちのちまで銀の燭台を大切に持ち続けていたことからもわかるとおり、この経験は主人公が再び良心に目覚めて生きるうえで重要な役割を果たします。そして、司教の人徳《じんとく》を感じさせるこのエピソードは、日本の道徳教育における定番の教材として用いられ続けているのです。

少し意地悪《いじわる》ですが、このケースを現代日本の法律に沿って解釈《かいしゃく》してみましょう。ジャン・バルジャンは窃盗《せっとう》の罪を犯し、逮捕されそうになりますが、司教は窃盗より以前に銀食器を贈与契約にもとづいて引き渡したという主張をし、そのおかげでジャン・バルジャンは無罪になりました。しかし現実には、ジャン・バルジャンは銀食器をこっそり持ち出しており司教から引き渡されたわけではないので窃盗罪は否定することができず、うそをついて犯人をかばおうとした司教は犯人隠避罪《はんにんいんぴざい》に問われてしまう可能性があります。

一方で、証拠がないので立件《りっけん》できない、という結果になる可能性もあります。または、そもそも銀食器は教会の財産であって司教の財産ではないので、それを勝手に贈与するのは司教が横領《おうりょう》罪《ざい》にあたる、という可能性もあるでしょう。

このように法的な論点はいろいろあるわけですが、わざわざこのエピソードに対してこれらの論点を持ち込むことは、司教の粋《いき》な計らいをだいなしにする野暮《やぼ》というものです。

道徳教育でこのエピソードが重要なのは、「道徳心に基づいて法を超えた判断をした」点です。そして、教員向けの指導案では「寛容《かんよう》」や「許す心」といったテーマのもとに教えることになっています。

指導のポイントとしては、「このとき司教は何を考えていたのか」、「このような対応をされたときジャン・バルジャンはどのようなことを感じたのか」、「もしあなたが司教の立場だったら許すことができたか」、「なぜ銀食器の窃盗を許しただけでなく銀の燭台まで差し出したのか」などがあります。

このように、ただ「ルールでこう決まっているから」と思考停止するのではなく、そのシチュエーションや登場人物たちの心境を想像し、その場でのベストな選択は何かということ、登場人物たちの決断に欠けている配慮や視点は何かということを自由に考える経験が、道徳を学ぶ上では重要なのです。

みんなを幸せにする法律ってどんなものだろう？

一方で、先ほどは「野暮」と一蹴《いっしゅう》した法的な論点もまた、別の視点から検討する意義があります。

「法律が守ろうとしているものは何か」、「それに対して司教が法律に反することで守ろうとしたものは何か」、「このケースではどちらを優先するべきか」などの議論をすることで、司教の行いを単なる美談《びだん》にとどまらせず、血肉《ちにく》の通ったものにすることが可能になるかもしれません。

そのうえで、理想と現実の両面を考えることで初めて、実社会に生きる子どもたちにとって役立つ力になるのではないでしょうか。

「子どもが法律を学ぶと生意気《なまいき》になる」という声も大人からは聞かれますが、それこそ法律に対する誤解から生まれる、誤《あやま》った危惧《きぐ》です。そのような懸念《けねん》を示す大人こそ「法律は一切の道徳を覆《くつがえ》すもの」というあらぬ偏見《へんけん》を抱いていたりするものです。

法教育において重要なのは、行動の判断軸《はんだんじく》として「かわいそうだから」もしくは「その方が立派だから」という道徳的な観点を育てると同時に、「なぜ、かわいそうな人を救うのか」、「なぜ、立派なのか」という問いに対する論理的な理由付けをすることです。

さらには「相手を助ける上で、本当にその方法が適切《てきせつ》だったのか」、「他にやるべきことはなかったのか」という検証《けんしょう》をする能力を身につけさせることも大切です。

法教育のゴールは、銀の燭台を差し出した司教に「ジャン・バルジャンのやったことは犯罪だから助けちゃダメ」という野暮なツッコミを入れる子どもを育てることではありません。

「ジャン・バルジャンを救いたい意図《いと》はわかるが、その手段は他に損をする人がいるのではないか。犯罪になってしまうのではないか」と慎重《しんちょう》に立ち止まり、**「みんなが幸せになれるもっといい解決策を考えよう」という提案ができる子どもを育てる**ことにあるのです。

法律と道徳が矛盾《むじゅん》する事例は、このようなディスカッションをするチャンスに満ちています。

現場の先生方が今まで積み上げてこられた授業の題材やノウハウを、法教育導入のために捨てる必要はありません。そこに法教育の発想をプラスしていただけばいいのです。

法的な考え方は論理的ですから、道徳的な観点とは対立することもあります。だからこそ同時に学ぶことに意義があるのです。具体的にはどのように考えていけばよいのかについては次章で紹介していきます。

ちなみに、『レ・ミゼラブル』は「誤った法制度」が招いた悲劇を通じて、法制度の問題点や正義とはなにかについて繰り返し問いかけてくる名作です。

長大な作品ですが、ぜひ読んでみてください。

いろんな条例をどう考える？

ジャーナリスト　池上　彰

『こども六法』は法律について取り上げていますが、法律と同じようなものに「条例」があります。これは都道府県や市町村が定める「法律」のようなもの。法律は日本全国で有効ですが、条例は、その条例が定められた地域だけ有効です。全国にはいろんな条例があります。

たとえば東京都の通称「迷惑防止条例」は、自動車やバイクを使って集団で暴走する行為を取り締まっています。また、他人の裸を盗み撮りしたり、他人に付きまとったりすることも禁止されています。違反した場合は逮捕されることもあります。

その一方で、みんなに「頑張ろう」と呼びかける条例もあります。青森県鶴田町の「朝ごはん条例」は、早寝早起きをして朝食をしっかり食べようと町民に呼びかけています。違反したからといって罰せられるわけではありません。なんだか微笑ましい条例ですが、これで町民の健康を維持しようというわけです。

北海道中標津町には通称「牛乳で乾杯条例」があります。条文には、こう書いてあります。

「町民は、町内で行われる飲食物が提供される会食等において乾杯が行われる場合、可能な範囲において牛乳で乾杯し、その普及促進に協力するよう努めるものとする」。

「可能な範囲において」と書いてあって、押しつけがましくないので「余計なお世話だ」と反発する人も少ないでしょう。

でも、中には議論を呼んだものもあります。2020年4月に施行された香川県の「ネット・ゲーム依存症対策条例」は、18歳未満の子どもが依存症につながらないように、ゲームをする時間を平日は一日60分、休日は一日90分までを目安にルールを定めるよう保護者に求めています。

子どもたちがゲームにはまってしまって勉強しなかったり、目が悪くなったりすることを心配した親たちが作ったものですが、子どもたちの中には反対意見もあります。ゲームをするのは個人の自由。時間制限を求めるのはやり過ぎだという反対意見もあります。さて、あなたはどう考えますか？

第3章

なぜこしあん派は粒あん派を尊重すべきなのか

道徳の限界と法律の可能性

前の章では、道徳教育と法教育それぞれの重要性と関係性についてお話ししました。

この点をもう少し掘り下げるために、この章では「情けは人のためならず」ということわざと法律的な思考法の関係を考えてみたいと思います。

道徳の特徴は、「人間はどう生きるべきか」という哲学的《てつがくてき》な側面が強いことにあり、目先の利《り》害《がい》や損得勘定《そんとくかんじょう》を超越《ちょうえつ》したテーマを多く扱います。

『レ・ミゼラブル』でも、司教は銀の燭台をジャン・バルジャンに譲ることで何かを得ようとしていたわけではありません。司教はただ、ジャン・バルジャンがこれ以上の罪に問われることなく、更生《こうせい》して平和に暮らしていくことを望んでいたはずです。もし司教が「こいつはいつか私に莫大《ばくだい》な財産を貢《みつ》いでくれるに違いない」という打算《ださん》をしていたら、美しい物語がだいなしです。無欲《むよく》で崇高《すうこう》な行動だからこそ、私たちの道徳心に訴えかけ、感動をもたらすのです。

ただ、注意も必要です。私たち一人ひとりが「自分もこのような人徳者《じんとくしゃ》として生きたい」と考えるのは自由ですが、これを「道徳科」の授業における「正解」として教えてしまったら、ただの押し付けになってしまいます。これは果たして正義に適《かな》うといえるでしょうか。

この物語の教訓が「立派な人間になりたかったらお前も施《ほどこ》しをしろ」になってしまっては、道徳の皮を被った略奪《りゃくだつ》になってしまいます。

このように道徳は、伝え方を誤《あやま》ると、いつの間にか道徳に反する強要《きょうよう》を迫ることになりかねないのです。道徳を教えるむずかしさと限界はここにあります。「なにが正解か」の答えは一つではなく、人それぞれ違うし、違っていてもよいのです。

法律は道徳とはまた違った限界を持っていますが、道徳に比べて非常に論理的です。**法律はもともと、より多くの人にとって最善《さいぜん》の解決策を追求し、人々の合意のもとに成立したもの**だからです。ですから、誰から見ても誤解を生まないように、できるだけ不公平がないような判断基準として定められています。

このような法律の特徴こそ、この章であなたに理解していただきたい「情けは人のためならず」に通じる精神です。

他者の権利を尊重するということ

「他者の権利を尊重《そんちょう》せよ」という言葉を聞いたことがあるでしょうか。

この言葉は日本の憲法教育《けんぽうきょういく》において非常に重視されていて、ぜひ覚えておいていただきたい原則です。ただ私は、現状の憲法教育はいささか「他者を尊重せよ」ばかりを強調しすぎではないかと感じています。

これはよくある誤解ですが、「他者の権利を尊重せよ」は、「他者のために自己の権利を放棄《ほうき》せよ」とは違います。

もしこれが道徳の授業ならばそれもありうるかもしれませんし、自分が納得していれば場合によっては適切《てきせつ》な選択肢となりうる点については否定しません。

しかし、自己犠牲《じこぎせい》はあくまで自身の道徳観念に基づいて主体的に、かつ例外的に選択されるものです。周囲から強制するべきものではなく、先ほど述べた「道徳の皮を被った略奪」が起きることがないように、細心の注意を払わなければいけません。

「他者の権利を尊重せよ」の法的な意味とは、「他者の権利を尊重することは、自己の権利

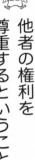

を主張する前提となるものだ」ということです。多少乱暴《らんぼう》に言い換えれば、「他者の権利を守ることは自己の権利を守ることでもある」ということになります。

説明がちょっと複雑《ふくざつ》になってしまいましたが、実は日本にはこれにきわめて近い意味をもつことわざがあります。それが**「情《なさ》けは人のためならず」**です。

「他人にしてあげたことは巡《めぐ》り巡《めぐ》って自分の利益として返ってくるものだから、他人には積極的に情けをかけなさい」というのがこのことわざの意味です。最近では「へたに情けをかけると相手のためにならないからむやみに親切にするべきではない」という逆の意味で理解している方もいるようですが、そうではありません。

たとえば、職場で仕事が立て込んで困っている同僚《どうりょう》を見かけたとき、あなたは手伝ってあげるでしょうか。もともと自分の仕事ではなく、仕事を手伝っても給料や手当が増えるような金銭的なメリットもないような場合、あなたはどうするでしょうか。

こんな場面に直面したとき、見返りを求めずに良心に従って手伝ってあげると、後日思いもかけない恩返《おんがえ》しがあったりするものです。お礼のお菓子やプレゼントをもらったり、自分が仕事で困っているときに助けてもらったり、といった具合《ぐあい》です。もちろん、最初から見返りを求めて手伝うとガッカリすることも多いので、あくまでも善意でお手伝いするのが前提ではあります。

「お互《たが》い様《さま》」という言葉もあるように、人間は何か恩をかけられたら返したくなる生き物です。だからこそ昔の人は、「人が困っている様子を見たら、自分のためだと思って情けをかけなさい」という教訓《きょうくん》を込めて「情けは人のためならず」ということわざを作り、後世《こうせい》に伝えたのでしょう。

このことわざが主張しているのは「手伝い」や「救済」のような道徳的な「情け」の話で、「権利」とはちょっと違います。けれどそこに込められている意味はとても論理的で、法的な考え方と共通するものがあります。

昔の人が「情け」について言ったように、実は他者の権利を尊重《そんちょう》することは、自分の権利を守るためにもするべきことなのです。

大切なことなので、権利の観点《かんてん》からもう少し詳《くわ》しく説明していきましょう。

相手が好きで自分が嫌いなものをどう扱うか

日本国憲法では「**表現の自由**」が認められています（憲法第二一条）。

「表現の自由」は、「何を思ってもいい自由」としての「思想・良心の自由」とも密接《みっせつ》にかかわる権利で、「思ったことをアウトプットする自由」です。

　これには、個人が自由な活動を通じて自分の人格《じんかく》を発展させるという自己実現《じこじつげん》の価値と、意見を発表する活動を通じて政治に働きかけるという社会的な価値の両方があるとされています。表現の自由は、政治的意見を自由に述べる権利と捉《とら》えられがちですが、実際には自己実現を達成するものとして幅広く守られる権利です。

　たとえば、政府や自治体などへの情報公開請求制度《じょうほうこうかいせいきゅうせいど》や、メディアの報道権《ほうどうけん》を支える「知る権利」は、表現の自由から派生《はせい》した権利と理解されています。そして、その幅広《はばひろ》さゆえに、表現の自由に関連する議論は身近なニュースとしてたくさん出てきます。

　最近の事例では、二〇一九年に日本赤十字社《にほんせきじゅうじしゃ》が献血《けんけつ》を呼び掛ける目的で作成したポスターが波紋《はもん》を呼びました。ポスターの絵柄《えがら》に起用された人気漫画の女性キャラクターデザインが、胸の大きさを誇張《こちょう》しすぎて不適切《ふてきせつ》であるとして、使用を停止するよう求める運動が起きたのです。

　同じ年に問題になった、あいちトリエンナーレ事件を覚えている方もいらっしゃると思います。美術展覧会《びじゅつてんらんかい》の内容が不適切として展示中止を求める声が高まったことで起きた一連の事件です。結果的に展示の中止が余儀《よぎ》なくされただけでなく、文化庁《ぶんかちょう》が展覧会《てんらんかい》に対する補助金《ほじょきん》を、一時は全額不交付《ぜんがくふこうふ》とする決定をするなど、全国の関心を集める騒動《そうどう》になりました。

このような「表現の自由」という権利に関連する議論はたびたび沸《わ》き起こります。最近の事例の特徴《とくちょう》としては、表現活動に対する政府による制限というよりは、意見の違う市民同士のあいだで炎上し、主催者が自己規制《じこきせい》することで鎮静化《ちんせいか》するという経過をたどることが多いようです。

「この表現は許せない。だから表現を慎《つつし》め」というのが批判する側の論法《ろんぽう》ですが、こうした議論は慎重《しんちょう》に行う必要があります。なぜなら、他者に対して「表現を慎め」と抑圧《よくあつ》する行動は、いつかは巡り巡って自分に跳《は》ね返ってくるからです。

これはまさに「情けは人のためならず」の負のパターンです。とくに、その抑圧の理由が「気持ち悪い」、「気に入らない」といった感覚的でザックリとしたものであればあるほど、同じ理由で自分に跳ね返ってくる危険性が増していきます。

もちろん「この表現は公共の場所には不適切である」とか、「公費《こうひ》や税金を使った展覧会としては内容がふさわしくない」といった批判をすること自体に問題はありません。その表現が暴力的で規制を要するとか、性差別を助長《じょちょう》しかねないとか、展覧会の内容が観覧者《かんらんしゃ》の基本的人権を侵害《しんがい》するものだといった批判をする自由もまた、「表現の自由」として守られるべき権利です。

しかし、最近ではキャラクターの起用中止や展示の中止を求めたり、展覧会の補助金打ち切りを求めたり、果ては「中止しないと会場を爆破《ばくは》する」といった脅迫行為《きょうはくこうい》に及んだケースまであります。

中止を求める側には「多くの人が不快感を抱いているのだから」という正義感がつねにあるものですが、自分が正義と信じる側に立っていれば何をしてもいい、というわけではありません。脅迫は明らかな犯罪であって、決して正義ではありません。

もっと言うなら、他者の表現を、「批判」の枠を超えて「抑圧《よくあつ》」「排除《はいじょ》」する行為は、長期的に見れば、正義どころか、自分自身の人権さえも軽んじる、危険な選択にほかならないのです。

ちょっと抽象的《ちゅうしょうてき》な話になってしまったので、ここからはもう少し具体的な事例で考えてみます。ここまでの内容がスッキリ理解できていない方も、モヤっとした気持ちのままでいいのでもう少しお付き合いください。

粒あんは滅びるべし

世の中には二つの巨大な派閥《はばつ》が延々《えんえん》と争い続けている事例がいくつも存在します。

アメリカ大統領選挙の共和党と民主党の争いは記憶に新しいところですが、まさに代表的な二大派閥といえるでしょう。一方で、政治的な論争《ろんそう》ではなくても、身近なところでは「犬派VS猫派論争」やチョコレート菓子の「きのこVSたけのこ戦争」などが激しく議論され続けています。はたから見ればどうでもいいようなことを大真面目《おおまじめ》に議論し、決着を見ないままにエンターテイメントとして人気であり続けているのは、お互いに「相手が主張する権利」を否定することなく議論できているからでしょう。

たとえば「こしあんが好きか、粒《つぶ》あんが好きか」という議題《ぎだい》も、じつに難《むずか》しい問題です。私もミュージカルに出演したとき、楽屋で何度か共演者たちと議論をしたことがあります。

私は熱心なこしあん信者《しんじゃ》で、コンビニにあんパンを買いに行っても、粒あんパンしかない場合はあんパンの購入《こうにゅう》を見送ることがあります。この趣向《しゅこう》に対しては、「同感だ」、「粒あんはあのツブツブ感が好きになれない」、「こしあんの舌触《したざわ》りこそ至高《しこう》」など、同意してくださる方もたくさんいると信じていますし、一方で「こしあんは子どもっぽい」、「小豆本来《あずきほんらい》の味わいは粒あん」といった反論をされる方もいらっしゃるでしょう。

こういった議論は最終的には「まあ好きな方を食べればいいじゃん」と落ち着くことがほとんどだとは思いますが、もし私が「粒あん滅《ほろ》びるべし！」と主張し始めたらどうでしょう。

「粒あんは野蛮《やばん》な食物《しょくもつ》であって、全人類《ぜんじんるい》はこしあんのみを食《しょく》するべきである。そのためには粒あんという選択肢自体《せんたくしじたい》が失われる必要があるのだ!」と主張し、あんパンや団子《だんご》を作るメーカーに対して、粒あんを使った商品の販売停止を求め始めたらどうなるでしょうか。

粒あん派は当然反対し、餡《あん》で餡《あん》を洗う血みどろの争いが勃発《ぼっぱつ》すること間違いなしです。それだけでも悲劇的な展開ですが、万が一、粒あん商品の絶滅《ぜつめつ》が実現したとしても、今度は粒あん派が「こしあん滅びるべし」運動を展開してくるかもしれません。

そのような場合に「いや、こしあんこそ食されるべき唯一無二《ゆいいつむに》の餡《あん》であって、好きな人もたくさんいるのだから残すべきだ」と主張したとして、果たして認められるでしょうか。

粒あん派には到底許容《とうていきょよう》されないのはもちろんですが、このような展開にあっては、それまでは「どうでもいい」と思って見ていた第三者も「まあ、粒あん派がこしあん絶滅を求めるのも無理ないよね」という感想になっているのではないでしょうか。

こうして粒あん商品に続いてこしあん商品もまた、「クレーム対応」として販売中止が実現することになります。

「ついには、こしあんも粒あんも失われてしまいました」という結末は、まさに戦争の帰結《きけつ》として人類が滅亡《めつぼう》するかのようです。「粒あんの全否定」という誤った手段によって、こしあんの興隆《こうりゅう》という「正義」を目指していたこしあん派の意図は、完全に裏目《うらめ》に出ることになるのです。

真《しん》にこしあんの人気を高めるためには、こしあんの素晴《すば》らしさを提示《ていじ》するとともに粒あんの欠点を批判し、一方で粒あん派の主張に適切な反論をする必要がありました。

粒あん派の主張に対して適切な反論をするためには、まず粒あん派の主張を引き出す必要があります。そのためにも、こしあん派は、粒あん派が自らの意見を主張する権利を死守《ししゅ》する必要があったのです。

「粒あん派が主張をする」という権利を守ることは、粒あん派のための情けではなく、こしあん派が適切な反論をするための前提であり、同時にこしあん派が主張をする権利を守るためにも必要なことだったのです。

相手の権利を守ることは自分の権利も守ること

ここで私が小学生の頃に触れ、印象深く胸に残ったフランスの哲学者、ヴォルテールの名言をご紹介します。

「私はあなたの意見に反対だ。しかし、あなたがそれを主張する権利は命をかけて守る。」

小学生が読む憲法の副読本《ふくどくほん》に掲載《けいさい》されるほどの有名な格言ですから、おそらくご存じの方もいらっしゃるでしょう。

政治論争《せいじろんそう》や表現の自由をめぐる議論も結局のところ、「相手の権利を守らなければいけない」という基本は変わりません。

「こしあんVS粒あん論争のように、結論が出なくても誰も困らないテーマとは少し性質が違うのでは？」という批判はあるでしょうが、適切な結論を導き出す上では、相手の主張を踏まえることは大前提です。そこを度外視《どがいし》して「自分の主張さえ通ればそれでいい」という稚拙《ちせつ》な議論を進めることは、巡り巡って「自分の主張は一切認められない」という状況を招きかねません。

そうなったときに初めて、「過去の自分は他者の権利を尊重しなかったことで、自分が主張する権利まで放棄《ほうき》したのだ」と気づいても遅いのです。

権利というものは非常に脆《もろ》いもの。だからこそ、わざわざ憲法をはじめとした法規《ほうき》で、はっきりと明文化されています。**私たちは日頃からもっと意識的に、他者の権利も自分の権利も等しく守る必要があるのです。**

権利の尊重を「情けは人のためならず」と表現した意味をご理解いただけたでしょうか。

法はこのように客観的に検証可能《けんしょうかのう》で、互恵的《ごけいてき》な論理のもとに成り立っている点において道徳とは異なります。

だから法律の方が優れているという優劣《ゆうれつ》の話ではなく、このような法律の特性《とくせい》を認識して初めて、道徳の限界を乗り越える手段として、法律を有意義に活用することができるのです。

第4章

義務を果たさない者に権利はないのか

憲法は「働かざる者」の権利も保障する

中学校一年生の頃、担任の先生に「義務を果たさない者に権利はない！」と言われたことがあります。

その言葉の強烈《きょうれつ》な印象に比べると前後の記憶は曖昧《あいまい》なのですが、たしか社会科見学のような校外学習で、私だけではなく、クラス全員に対しての発言だったと記憶《きおく》しています。理由は誰かが集合時間を守らなかったとか何とかで、連帯責任《れんたいせきにん》としてバスの中で予定されていたレクリエーションが中止になったのでした。

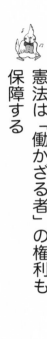

つまり、集合時間を守るという「義務」を果たさなかったから、クラス全体が受けるはずだった「権利」がなくなった、連帯責任なのだからこれは当然の罰《ばつ》である、と先生は「ありがたい」お説教をしてくださったわけです。このとき、私は先生に対する不満を抱いたというよりは、「たしかにそのとおりだ！」と納得したものでした。

こうした理屈は一見もっともで、合理的《ごうりてき》に思えます。「お手伝いをしなければおこづかいはあげません」、「宿題をしなければゲームをするのはダメ」など、家庭の中でもしばしば使われる論理ではないでしょうか。

では、法律的にはどうなのでしょうか。

民法の解釈なら、これは契約にあたります。「団体行動《だんたいこうどう》なのだから集合時間を守ること」と「もし守らなかった場合はレクリエーションの権利を奪われても文句は言わないこと」を事前に学校と生徒全員が契約していたのであれば、なにも問題ありません。私立の学校や義務教育ではない高校であれば、生徒は校則に従うという契約をあらかじめ学校と交わしていますので、指導と認められる範囲の指示には従わなければならないでしょう。

けれど、日本国憲法には少し違うことが書いてあります。

憲法第一一条は、「国民は、すべての基本的人権の享有《きょうゆう》を妨《さまた》げられない」と定め、この基本的人権は「侵《おか》すことのできない永久の権利として」与えられる、としています。義務なんか果たさなくても、生まれたときから権利は保障される、とはっきり書いてあるのです。

ですから、「義務を果たさない者に権利はない！」という論理をむやみに振りかざすと、その権利が人権に関わるものだった場合、憲法的には誤りになる可能性があります。

もちろん、日本国憲法には国民の三大義務として、「教育を受けさせる義務（第二六条二項）」、「勤労《きんろう》の義務（第二七条一項）」、「納税《のうぜい》の義務（第三〇条）」が書かれています。しかし、だからといって、「おまえは勤労《きんろう》の義務を果たしていないから生存《せいぞん》する権利はない」と言うことは誰にもできません。

「働かざる者食《く》うべからず」という標語《ひょうご》は非常に馴染《なじ》みのあるフレーズですから、感覚的には正しいような気もするのですが、実は**働かなくても、納税《のうぜい》をしていなくても、生存《せいぞん》する権利は認められているのが日本国憲法**なのです。

もしも「義務を果たさない者に権利はない」が正しいのだとしたら、今や小学生も買い物をすれば消費税《しょうひぜい》を払《はら》う時代、子役タレントだって子どもといえどちゃんと勤労《きんろう》の義務を果たしているのですから、選挙権を始めとしたあらゆる権利を大人と同じように、きちんと与えるべき、という議論もありうるでしょう。

このような「権利の拡大」に向けた議論には無頓着《むとんちゃく》なまま使われる「義務を果たさない者に権利はない」という言葉は、結局のところ相手の権利を制限したい側が、自分を正当化する目的でばかり使われているのです。

もちろん義務は義務として果たさなければいけないのですが、それは権利との交換条件《こうかんじょうけん》になっているわけではなく、権利は権利として守られなければいけません。権利と義務はお互いに独立しているのです。

ですから、「義務を果たさない者に権利はない」という言葉は一見正しいように見えて、実は法的には正しいとは言えない、ということになります。

しかし、多くの方の実感としては、この説明には違和感《いわかん》があるのではないでしょうか。なぜなら、生活の中では権利と義務が交換条件《こうかんじょうけん》になっているケースが少なくないからです。たとえば私たちが普段から当たり前のようにしている買い物の契約（民法の売買契約《ばいばいけいやく》）では、お金を払えば（＝義務）商品を受け取ることができ（＝権利）、お金を払わなければ商品を受け取ることはできません。

この例は、ここまでにしてきた「権利と義務は独立している」という説明とは矛盾《むじゅん》するように感じるかもしれません。しかし、実は民法と憲法では「権利」という言葉の使い方が異なります。

では「義務を果たさない者に権利はない」が成立する事例について詳しく説明していきましょう。

「権利」と「義務」を理解しよう

民法上の売買契約では、権利と義務はいつもセットになっています。**「義務を果たさない者に権利はない」という言葉をなんとなく正しいと感じてしまうのは、日常生活《にちじょうせいかつ》の中で売買契約に慣《な》れているから**です。

たとえばスーパーで晩ご飯の食材を買うとき、客が「代金を支払う」ことは債務《さいむ》（義務）であり、同時に「商品をもらう」という債権《さいけん》（権利）とセットになっています。このとき店側も同じように、「商品を渡す」という債務（義務）と「代金をもらう」という債権（権利）をセットで持っています。このように契約をする双方《そうほう》が債務を負う契約を、双務契約《そうむけいやく》といいます。

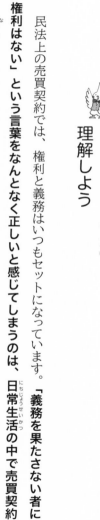

ですから双務契約においては「義務を果たさない者に権利はない」は正しい、ということになります。

たとえばあなたが魚屋へ買い物に行き、「イワシを三尾ください」と言ったとします。このときあなたは売買契約《ばいばいけいやく》の申し込みをしたことになります。もしこれに対して魚屋がイワシを一尾しか渡してくれないとか、イワシではなくアジを渡してきた場合、契約は成立しません。あなたはお金を払う義務はなく、魚屋がお金をもらう権利もありません。

私たちの毎日の生活は、このような多くの契約によって成り立っています。電車に乗るときには乗車賃《じょうしゃちん》を払うことで目的地まで連れて行ってもらうという契約、仕事をするときには労働力《ろうどうりょく》を提供することで賃金《ちんぎん》をもらうという契約をしていることになります。

このような権利と義務の関係は、魚屋や鉄道会社や勤務先などのように、それぞれ契約する相手がいることが特徴です。相手のいない契約というのは、考えても思い浮かばないのではないでしょうか。

では、「人権」についてはどうでしょうか。

私たちは「生きる権利」について誰かと契約を交わしたでしょうか。契約によって「生きていていい」と認められたから私たちは生存《せいぞん》する権利があるのでしょうか。「憲法で定められた教育、納税、勤労の三つの義務を果たす代わりに人権を認めます」という契約を、私たちは誰かと結んだでしょうか。

その覚えがある人は、誰一人《だれひとり》としていないはずです。**人権というのは人間が生まれながらにして持っているものであり、なにもできない赤ちゃんや寝たきりのお年寄りにも認められます。**

だからこそ、病気で働けない人は生活の保障《ほしょう》を受ける権利がありますし、働かずに勉学《べんがく》に集中している学生も18歳になれば選挙で投票する権利があるのです。義務を果たしていないからという理由で、権利を遠慮《えんりょ》する必要はまったくありません。

このように憲法で認められている人権は誰もが生まれながらに持っているものであり、義務と対価関係《たいかかんけい》になっている契約上の債権・債務とはまったく違うものです。

これはもしかしたら、今までの生活の中では意外と認識していなかったことかもしれませんが、ぜひ覚えておいていただきたいと思います。

そして、もしも誰かに「義務を果たさない者に権利はない」と言いたくなったときは、もしくは誰かにそう言われたときは、その「権利」が人権のことなのか、それとも債権のことなのかを、一度立ち止まって考えてみてほしいのです。

人権は自分も他人も守ってくれる

では、さっそくですが問題です。

あなたがお子さんに「義務を果たさない者に権利はない」という言葉を使いたくなる（かもし

れない）場面を考えてみてください。

「テストの点数が悪かったからゲームを買ってあげない」、「部屋の片づけをしないなら今度の旅行はナシにする」など、なんでもかまいません。

さて、このときの「義務と権利」は憲法、民法、どちらでしょうか？

正解は……

どちらでもありません。

このときの「義務と権利」はあくまで論理上の比喩《ひゆ》であって、人権の否定でも、民法の契約違反でもありません。

ただ、たとえ比喩であっても「義務を果たさない者に権利はない」という言葉を当然のことのように繰り返していると、言い聞かされている子どもは無批判《むひはん》に受け入れるようになってしまいます。その結果、**権利といえば身近な債権のことだと思い込んで、人権との違いを認識することができないまま成長してしまう**のです。

「その違いを認識することに何の意味があるの？」とお思いになるかもしれません。

しかし、**多くの人がこの二つを混同した結果として生まれた弊害《へいがい》が、昨今の際限《さいげん》のない自己《じこ》責任論《せきにんろん》です。**

悪いことをした人だからネットで叩《たた》かれても仕方ないとか、お酒を飲みすぎて体を壊《こわ》したのは自業自得《じごうじとく》だから社会保障《しゃかいほしょう》は無用《むよう》だとか、危険な外国で取材をしているジャーナリストの保護《ほご》は必要ないとか、このような自己責任論をどこかで聞いたことがきっとあるでしょう。

こうした論理は一見、正しいように思えます。けれど、この考え方がもつ問題点は、「義務を果たさない者に権利はない」を超えて、「国（みんな）に迷惑をかける者に権利はない」と、権利に対する条件がさらに厳《きび》しくなっている点にあります。

他人に迷惑をかけたら、その人の権利はなくなっても仕方がないという考え方が常識《じょうしき》になってしまえば、社会が殺伐《さつばつ》としてしまうばかりか、「国民国家《こくみんこっか》」という仕組みの存在意義自体《そんざいいぎじたい》が失われてしまいます。

犯罪者を個人で裁《さば》いてもいいのであれば裁判所は不要ですし、どんな場合でも自分の身は自分で守らなければいけないのであれば警察は無意味です。国が私たちの生活を保障《ほしょう》してくれないのであれば、稼《かせ》いだお金を貯金しておくことこそが自己責任であり、税金を払う意味もありません。

「国の縛《しば》りにとらわれずに個人の責任で生きていく」といえば聞こえはいいですが、そんな弱肉《じゃくにく》強食《きょうしょく》の社会は、果たして私たちにとって生きやすい社会でしょうか。

そう考えていくと、やはり国家という仕組みと、人権という概念《がいねん》は、ある程度よくできた仕組みだなと思えるはずです。

もちろん、このような国家観や人権観は人それぞれですから、私が個人的に抱いている国家の理想が唯一絶対《ゆいいつぜったい》の正解とは言いません。

しかし、もしここまでの人権の説明に納得していただけたのであれば、**誰にとっても生まれながらに人権があるのだということを、ぜひお子さんに教えてあげてください。**そして、人権が侵害《しんがい》される事件が起きたときには親子で話題にしてみてください。

そうすれば、もしお子さんが学校でいじめられたときも、当然の権利として人権を主張することができるようになるでしょう。そして他人の人権を認められる子どもは誰かをいじめたりはしなくなります。また、その「他人の人権を認め合う」風潮はクラスに拡大し、いじめの被害にも遭いにくくなるかもしれません。これこそ「情けは人のためならず」です。

人権は目で見ることも手で触《さわ》ることもできません。意識しなければ忘れてしまうし、主張しなければあっさり失われてしまう儚《はかな》いものです。

けれど、とても大切なものだからこそ、私たちが忘れてしまうことがないように、昔の人たちは「法」という形で残してくれました。

人権を本当の意味で私たち一人ひとりの財産にしてくれるのは、お互いの人権を認め合おうとする認識だけです。この「認識」という目に見えない土台《どだい》を築《きず》き、守れるようになるために、**「他人の権利を守ることは自身の権利を守ることである」という意識をしっかり育てておく必要がある**のです。

「義務を果たさない者に権利はない」と言いたくなったときは

ここまでの内容をざっくりとまとめると、次の三つのポイントに集約《しゅうやく》されます。

① 憲法で保障されている人権は誰にでも生まれながらにあるもので、義務を果たさないと与えられないものではない

② 契約をした人どうしであれば、義務と権利が対価関係になると民法に定められているが、そのような義務と権利は「債務」と「債権」という

③ 「義務を果たさない者に権利はない」は契約関係の中では正しいこともあるが、人権感《じんけんかん》覚《かく》を養《やしな》う上で弊害《へいがい》になることがあるので気をつける

以上の点を、ぜひ普段の生活の中でも意識してみてください。

このような**人権感覚を、知識としてだけでなく、日頃から意識して考えてみたり、言葉にして話し合ったりすることが、法教育の重要なポイント**です。『こども六法』を活用するうえでもぜひ覚えておいていただければと思います。

もしそれでも「義務を果たさない者に権利はない」と言いたくなるシーンに遭遇《そうぐう》したときは、親子でしっかりと話し合いをし、お互いに期待することやするべきことを丁寧《ていねい》に確認することが大切です。

どうしても我慢《がまん》できないときには、これからは「債務を果たさない者に債権はない」と言ってみてはいかがでしょうか。定着しそうですか？

その正義を疑え

「義務を果たさなくても、権利があることはわかった。でもそれはあくまで善良《ぜんりょう》な市民にかぎっての話で、犯罪者は除外《じょがい》されるべきじゃないの？　だって犯罪者は法律を守る義務を果たしていないのに、権利だけは守られるなんておかしくない?」

こんな考えの人もいるかもしれません。

たしかに私たちは、悪いことをしてはいけない、法律違反をしてはいけない、という教育を家庭でも学校でも受けてきました。

他人の命や財産を奪《うば》った人は刑罰《けいばつ》を科《か》され、自分の犯した罪の償《つぐな》いとして自由や財産を奪われます。「目には目を、歯には歯を」という格言も聞いたことがあるでしょう。

刑罰は国家権力《こっかけんりょく》によって強制的に行われます。罪に対しては罰を与えることが正当《せいとう》だと多くの方が考えているからこそ、社会の秩序《ちつじょ》が保たれている側面《そくめん》もあるでしょう。

このような認識が主流になっている社会で長年生活していれば、義務を果たさなかった人、あるいは他者の権利を侵害《しんがい》した人は、権利の制限を受けて当然だと考えることは不自然ではありません。

悲劇的《ひげきてき》な事件に巻き込まれた犯罪被害者に深く同情《どうじょう》する人であればあるほど、加害者には罪の重さに見合った罰を受けてほしいと強く感じるのではないでしょうか。そのような正義感はとても尊《とうと》いものです。

しかし、刑罰は「やられたらやり返す!」のような報復《ほうふく》のための制度ではありません。

犯罪を防ぐための刑事制度《けいじせいど》は、人権侵害《じんけんしんがい》を防ぐために人権侵害をするという矛盾《むじゅん》を抱えた制度でもあり、社会の秩序《ちつじょ》を守るために、やむなく人権に制限を加えるものです。

その目的は罪を犯した人に反省を促《うなが》し、再び社会で生きていけるようにすることにあります。刑事制度ではこの目的を、私たちが日常的に使う反省という言葉とは区別して、「更生《こうせい》」と呼ばれます。

自らの罪を反省し、二度と犯罪をしないことを心に誓《ちか》うだけでなく、ドラッグや麻薬がなければ生きていけなくなってしまった人に薬物《やくぶつ》を断ち切る支援をしたり、ものを盗まなければ生活していけない人に社会で生活費を稼《かせ》ぎながら生きていく方法を教えたりすることは、将来の犯罪を防ぐことに直結しています。

もちろん、「もう刑罰を受けたくない」という意識づけをすることも、犯罪行為はやめておこうというインセンティブになるでしょう。

このように刑罰の目的は報復ではなく、将来の犯罪を防ぐことにあるのです。

この点を十分に理解していない正義感はむしろ危険です。

被害者に対する同情と、加害者に対する怒りが、ひとたび負のエネルギーになってしまうと、法律がどうあろうと、厳罰《げんばつ》を求める声だけが高まっていきます。それが実現してしまったら復讐《ふくしゅう》の連鎖《れんさ》が無限に続いていく世の中になってしまうでしょう。

たとえば二〇一九年、常磐道《じょうばんどう》で外国製自動車に乗った男が煽《あお》り運転の末に車から降りて被害者である運転手を何度も殴打《おうだ》するという事件がありました。

これは明らかに犯罪行為ですが、実はこの事件は、もうひとつ別の事件を引き起こしました。加害者男性による暴力《ぼうりょく》を平然《へいぜん》と携帯電話《けいたいでんわ》で撮影していた同乗者《どうじょうしゃ》の女性が、インターネット上で話題になったのです。

この女性は「ガラケー女」と呼ばれ、実行犯《じっこうはん》ではないものの、加害行為を助長《じょちょう》したとして批判の的となります。やがてインターネット上で女性を特定したとの書き込みが現れ、女性の個人情報とされるものが晒《さら》されたのです。そして女性には誹謗中傷《ひぼうちゅうしょう》が殺到《さっとう》し、職場である企業にまで嫌がらせが行われるに至《いた》りました。いわゆるネットリンチです。リンチは「私刑《しけい》」を指す言葉で、法に拠《よ》らない私的な制裁《せいさい》を指します。

このようなネットリンチは、最近ではあまり珍しくないことのようにも思われますが、どんなに本人に非があろうと、私的に人権を侵害すれば犯罪になります。

刑罰が人権侵害である以上、「犯罪をしたわけではない人」に対して刑罰を与えることは、絶対に起きてはならない最悪の悲劇《ひげき》です。

このような悲劇を防ぎ、一方で「犯罪をした人には適切《てきせつ》な刑罰を科《か》す」ことを実現するために、国家には捜査《そうさ》に協力させる強力な権限が認められており、刑罰を科す権限を独占しています。刑罰は「犯罪の事実が明らかで、犯行を行ったのが間違いなく本人であると推定《すいてい》される場合に、本人の反論の機会を守りながら、犯行の重さに見合った、重すぎず軽すぎない適切な刑罰を、法律の範囲《はんい》で考える」という手続きを通じて決定され、行われるものです。

これを実現するために刑事訴訟法《けいじそしょうほう》という法律で捜査や裁判の流れが細かく決められていて、被告人・被疑者《ひぎしゃ》の人権が守られます。裁判で刑が確定するまでに、どれほど人権が慎重《しんちょう》に守られるかということは、「犯罪者が守られる国、日本」と揶揄《やゆ》されることからもわかります。

ここまでに何度も「情けは人のためならず」のたとえを出してきましたが、犯罪者の人権を守ることは、犯罪者の人権を制限するためにも重要な前提となります。人権は誰にでもあるという前提がなければ、人権を制限するという議論は成立しません。本章でテーマとしている「義務を果たさない者に権利はない、ということにはならない」という議論はここでも関連してきます。

人権の議論は「与える、与えない」ではなく、「ある。どうするか」がスタート地点なのです。このような認識を育てることが、法教育では重要です。

何度も繰り返しますが、**権利の前提として、義務をはじめとする一切の条件は必要ないの**

です。

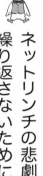

ネットリンチの悲劇を繰り返さないために

先ほどの「ガラケー女」の事件に話を戻しましょう。

「彼女」は個人を特定され、誹謗中傷《ひぼうちゅうしょう》を受け、職場に対する嫌がらせも受けました。現代社会の怖さは、こうした行為を「だって悪いことをした方が悪いのだから」、「ほかにも同じことをしている人がいるのだから」という理由で正当化《せいとうか》し、さらに拡散されていくことです。ところが、この情報には間違いがあり、「ガラケー女」と特定された女性は、実際には何の関係もない人でした。その無関係な女性は、正義感に燃えた人々が「新たに生み出してしまった被害者」として、ある日突然、日常を壊《こわ》されたのです。

インターネットが発達した現在、個人情報を特定する精度《せいど》は大きく向上《こうじょう》したかのような感覚がありますが、一般人が信頼性のある情報にアクセスする手段は限られています。容易《ようい》にアクセス可能な情報だけをもとにリンチを行った場合、デマによる冤罪《えんざい》が起きる可能性が高くなる点は今も昔も変わりません。

刑事訴訟法が「正義を実現するための仕組み」として慎重《しんちょう》すぎるほど慎重なのは、人が人を裁《さば》くことがいかに危《あや》ういかをこれまでの歴史が教えてくれているからです。

一般の人たちが法律で定められた刑事制度を無視して、独自に正義を実行しようとすることは、果たして本当に正義に適《かな》うのでしょうか。

昨今の事件ではネットリンチがエスカレートすることがしばしばあります。この状況に法教育が何かできるとしたら、それは正義を実現する制度への理解不足を補《おぎな》うことと、「正義だと信じて行う自分の行動が本当に正義に適っているのか」を検証《けんしょう》する態度《たいど》を育てることです。

ネットリンチのような私刑は、私たちのような一般人が、誰かを犯人であると決めつけてしまうことが原因で起こります。その人は容疑者《ようぎしゃ》かもしれませんし、事件にまったく無関係な人かもしれません。

とくに相手が後者だった場合、誤《あやま》った情報をネット上で拡散したという理由で逆に訴えられることもあります。

自分の正義感に従うことが、もしくは気軽に情報をシェアすることが、果たして本当の正義に値《あたい》することなのか、ぜひ一度親子で考えてみていただきたいと思います。

気になる事件が起きたときには、親子で『こども六法』を開いて、事件がどう裁かれるのかをチェックしてみてください。そして、ネットリンチについては、どう感じるか、自分ならどうするかを話し合ってみていただければと思います。

自分の人生に自信がもてる子どもを育てるために

教育評論家　尾木直樹

『こども六法』が異例のベストセラーになっています。これ自体がすばらしいことで、国民の良識の表れだとぼくは思っています。

近年ではずいぶん変わってきましたが、日本の社会では伝統的に、権利についての考えが未成熟です。いまだに「権利を主張する前に義務を果たせ」という考え方が社会に根強く、権利を主張することは自己中心的と捉えられがちなのです。しかし、権利が保障されていなければ、義務の感覚は育ちません。市民教育では子どもたちに、まず最初に権利について教えるべきです。

今、合理性を著しく欠き、理不尽で非常識な、いわゆる「ブラック校則」の見直しが全国で急速に進んでいます。

2017年に大阪府立高校の女子生徒が生まれつき茶色い髪にもかかわらず黒髪を強要され、不登校になったとして府を提訴したことが大きなきっかけになり、ブラック校則に取り組む活動がウェブ上でも拡大。2021年3月には各地の教員や学者ら有志が約1万9000筆の署名とともに理不尽な校則の廃止を訴える要望書を文科省に提出するなど、世論のブラック校則への反発は強まる一方です。

「下着の色指定」や教師による目視チェック、「地毛証明書」の提出などの行き過ぎた校則は明らかに人権侵害で、セクハラ、パワハラを問われかねません。

文部科学省によると、「学校の決まりなどをめぐる問題」が理由で不登校になった児童生徒は5000人を超え、もはや見逃せない問題に。ついに文科省は6月8日、「校則の見直し等に関する取組事例について」と題する事務連絡を出しました。「校則の内容は、児童生徒の実情、保護者の考え方、地域の状況、社会の常識、時代の進展などを踏まえたものになっているか、絶えず積極的に見直さなければなりません」と明記したのです。

文科省の発表に先立ち、今年に入って各地で校則の見直しが急進しています。しかし肝要なのは、これらを単に無くせばいいのではなく、いかに児童生徒が参加し、自分たちの学校のルール作りの主役になるか。つまり、「自分たちの決まりは自分たちで作って自分たちで守る」という民主主義の基本理念に基づいて取り組めるかです。

日本は法治国家であり、国民の権利が憲法で保障されているということを私たち一人一人が日常的に実感できるよう、本来なら、きちんと学校で教えなければいけません。なぜなら、そのことが「自分の人生に自信をもって生きること」につながるからです。子どもたちには本物の権利意識を学び、身につけていってほしいと願っています。

もう一つ、子どもたちに身につけてほしいのは、批判力です。学力の核をなすのは、「思考力、判断力、表現力」といわれますが、特にこれからの時代に重要なのは、批判的思考力（クリティカル・シンキング）です。人を攻撃する批判ではなく、社会を前進させるための批判です。日本では元来、個が自立する文化が弱く、多勢や目上の者に同調する風潮があります。本来批判力を鍛え、自立に向けて個を育てる場であるはずの学校教育でも、討論や話し合いを徹底して行う機会がまだまだ少ないように思います。

北欧諸国では、学校は民主主義のトレーニングの場と明確に位置づけているので、みんなが納得いくまで議論します。たった3人の意見も、採用してみたら発展性があったという場合もあるでしょう。そうやって一人一人の権利や自由を尊重し、少数意見に耳を傾けることの大切さに気づき、批判精神をたくましく育てていくのです。

もし、ぼくが学校で『こども六法』を使って授業をするなら、まずは憲法を教科書にして人間の尊厳や権利について一緒に学びたいですね。さらに、刑法や少年法について疑問や納得のいかない点を話しあう授業をやってみたら面白いだろうなと思います。

法治国家のよりどころである法律を理解し、日常の社会生活やほかの人たちとの関係性の中で意識して捉え直すことで、批判的思考力と判断力がしっかり身についていけば、子どもたちは自信をもって生きることができるでしょう。

いじめ問題について、『こども六法』を使って学ぶのもいいかもしれません。人間はみんな弱点を持っていて、欠点だらけです。でも、それをいじめという行為で指摘することほど個人の尊厳を冒《おか》す行為はありません。いじめ行為は、『こども六法』にも書いてあるように、刑法で言えば、名誉毀損、暴行罪、侮辱罪などにあたります。つまり、いじめは法律違反なのです。いじめを受けた人も、ものを隠されたり、悪口を言われたりしたら人権侵害なんだ、ということを知れば、自分の体験を話しやすくなるかもしれません。親も「いじめられるほうは悪くない、いじめるほうが100パーセント悪いんだ」と自信をもって主張できるでしょう。

コロナ感染症拡大により、世の中のグローバル化、AI化は急激に加速し、さらに先行き不透明で不安定な、ウィズコロナ時代が到来しました。大人も子どもも、批判的思考力と判断力を武器に、社会や政治を見る目を培い、子どもと大人のパートナーシップで新時代を切り拓いていきたいですね。

第5章

法律は自由の敵なのか

法律と自由の意外な関係

「法律は自由を保障するためにある」と聞くと、あなたはどのように感じるでしょうか。

「そんなはずはない。法律は私たちの自由を制限してくる、窮屈《きゅうくつ》なものだ」と思うでしょうか。

そのように感じる原因は主に二つあると私は考えています。

一つは、私たちが普段の生活の中で、ニュースなどで頻繁《ひんぱん》に目撃することになる「刑法」という法律が、法律そのものに対するイメージと合致《がっち》するから。もう一つは、詳しくは次の第6章で触れますが、私たちの多くがネガティブなイメージを抱いている「校則」というルールに対する認識が、法律に対する理解と同一化してしまっているからです。

この章ではとくに、この一つ目の原因について考えていきます。

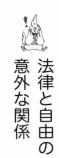

『こども六法』では、殺人罪や傷害罪などを定めた「刑法」を最初に紹介しています。刑法は、「こういうことをやってはいけません。やってしまった人にはこういう罰則《ばっそく》があります」という書き方になっていて、社会のルールとして最もわかりやすいからです。

ただ、「〇〇はやっちゃダメ」という禁止を列挙《れっきょ》した法律であるだけに、刑法こそが社会のルールであると理解した場合、私たちの自由は法律によって制約されているという印象を受けることになってしまいがちです。

殺人や傷害など、故意《こい》に他人を傷つける行為は別としても、私たちの生活には、わざとではなくても他人を傷つけてしまう可能性があふれています。たとえば自動車や自転車による交通事故です。

交通事故を防ぐという観点からは、道路交通法という法律で交通ルールが決められています。自動車を運転する人ならば、運転免許を取得するときに必ず勉強したはずの法律です。覚えることだらけで、テストも引っ掛け問題がたくさんあることから、もしかしたら刑法や校則以上に、法律に対するトラウマを植え付けられる経験になったという方もいるかもしれません。

中にはスピード違反や一時不停止、駐車違反などの反則で取り締まられた経験がある方、そういった取り締まりの光景を目撃したことがある方もいるでしょう。ルール違反はダメだとわかってはいても、実際に誰かを傷つけたわけでもないのに、交通ルール違反で反則金を科《か》される厳しさに、窮屈さのようなものを感じる方もいらっしゃるかもしれません。

たしかに、法律には私たちの自由を制約する側面があることも事実です。しかし、法律の目的は自由の制約ではなく、あくまでも人々の安全や安心を守ることにあります。そして、法律には人々の自由を制約することで人々の自由を保障するという、一見矛盾《むじゅん》しているように感じる機能があります。

この章では、そんな法律の機能と存在意義、考え方について解説していきます。

この章を通じて「法律って、そういうものだったのか!」という発見を楽しんでいただいた後であれば、『こども六法』の見方もまた違ったものになるはずです。

知っているようで知らなかった、実は誰も教えてくれなかった「法律の目的」を学んでいきましょう。

法律の目的とは なんだろう?

道路交通法は私たちにとって、とても身近な法律です。身近とはいっても、違反すれば刑罰を科されることがありますので、道路交通法は広い意味での刑法に含まれます。『こども六法』では道路交通法の条文は取り上げていませんが、機会があればぜひ読んでみてください。ここではこの身近な法律を題材《だいざい》にして法律の目的について考えていきましょう。

では質問です。あなたは道路交通法という法律の目的は何だと思いますか？

「交通安全を実現すること」、「歩行者や運転者の安全を守ること」といった答えを思いついた方、「半分」正解です。道路交通法には、スピード制限、一時停止などの標識《ひょうしき》、路上駐車についてのルールを守ること、それに違反したときの罰則などが書いてあります。このルールを歩行者も運転者も守ることで、誰もが安全に道路を歩いたり、道路上で車両《しゃりょう》を運転したりすることができるようになります。おそらくほとんどの人はこうした交通ルールを教習所や学校で学び、経験的にも知っているでしょう。

しかし、これは道路交通法の目的としては「半分」しか正解ではありません。そして、この理解は、「人々の安全を守るために禁止事項を設けて自由を制約するのは仕方ない」という解釈に繋《つな》がってしまう危険があります。

極端《きょくたん》な話、もし道路交通法の目的が交通事故を防ぐことだけなのであれば、もっといい方法があります。自動車やバイク、自転車といった車両の使用をすべて禁止してしまえばいいのです。「人々の安全を守るためには、自由の制約もやむをえない」という考え方から出発すれば、車のない社会の実現は、究極的《きゅうきょくてき》に人々の安全を実現し、交通事故ゼロを実現する唯一無二《ゆいいつむに》の解決策といえます。

しかし、車両の使用がすべて禁止されたら、困ったことがたくさん起こります。電車や飛行機などの公共交通機関《こうきょうこうつうきかん》が充実していない地域に住んでいる方はもちろん、都市部に住んでいたとしても、自動車がなければ今ほど自由に移動することはできません。また、自動車がなければあらゆる物流《ぶつりゅう》が成立しなくなり、コンビニやインターネット通販といったビジネスも立ちゆかなくなるでしょう。緊急車両《きんきゅうしゃりょう》も禁止になり、救急車や消防車といったインフラも消滅《しょうめつ》します。車両の使用をすべて禁止するということは、車両を使うことによって得られる、あらゆる便利さやメリットを放棄《ほうき》することでもあるのです。

私たちは交通事故を起こしたり、交通事故の被害に遭《あ》ったりすることはもちろん避けたいと思うものですが、一方で車やバイク、自転車がもたらしてくれる恩恵《おんけい》もまた捨てがたいのです。この両方を実現したいという贅沢《ぜいたく》な悩みを解決するためには、車両の利便性を活かしながら、歩行者や運転者の安全をできるかぎり守るためのルールが必要です。このように、「安全を守りながらも、便利さの犠牲《ぎせい》を最小限にする」というバランスをうまく取ることが、道路交通法の目的なのです。

この目的は道路交通法の第一条にこのように書かれています。

道路交通法
第一条　この法律は、道路における危険を防止し、その他交通の安全と円滑《えんかつ》を図り、及び道路の交通に起因する障害の防止に資《し》することを目的とする。

この条文には道路交通法の目的として、「安全」だけではなく「円滑《えんかつ》」も挙げられている点に注目してください。円滑とは、要するに「スムーズ」という意味です。

道路交通法は交通ルールや運転免許制度などによって、条件付きで車両の使用を認めることで道路の安全を確保しつつ、円滑な交通を実現する、つまり自動車と歩行者がお互いに道路をスムーズに通行できるようにするための法律なのです。

私たちはどうしても法律を「自由を制約するもの」として考えてしまいがちです。でも、これでは法律の意義《いぎ》の半分しか理解できていないことになります。道路交通法の目的の半分は「自由を制約することによって事故などの発生を防ぎ、人々の安全を確保する」ことですが、もう半分の目的はこれとは逆に、「運転や歩行の自由を保障し、むしろもっと快適にする」ことなのです。

極論《きょくろん》を言うなら、法律で車両の使用をすべて禁止すれば完全な交通安全が実現する、と先ほど述べました。今度は逆の極論も検討してみましょう。

「誰もが自動車を自由に使えるように、道路交通法という法律を廃止《はいし》すればいい」という主張です。

二〇二〇年五月、アメリカで五歳の子どもが自宅のSUV車両を運転して道路を走っていたところを保護されるという事件が起こりました。道路交通法がなければ、別に何の問題にもならない事件です。道路交通法がなくなれば運転免許制度もなくなりますから、もしかしたら「五歳にもなれば車を運転できる子もいる」という認識が一般的になるかもしれません。

また、道路交通法がないということは、信号機や一時停止の標識を守ることも、設置する必要も運用する必要もなくなります。税金の節約にはなるかもしれませんが、交差点を通過するのも命がけになるでしょう。車両の左側通行は、日本の道路交通法のルールですが、道路交通法がなくなれば右側車線を逆走してもいいことになるので道路は大混乱です。アメリカやドイツ、中国などから帰国した人たちにとっては右側通行が当たり前ですが、法律がない以上、どちらが正しいという基準はなくなってしまいます。

このように考えると、法律は交通安全を実現するだけではなく、ドライバーが快適に走る上でも重要な役割を果たしていることが改めてわかります。

法律は自由を制約する一方で、制約の中での自由を保障するものでもあります。制約があることによって、実は制約がないよりもずっと自由が拡大するという事実に、気づいていただけたのではないでしょうか。

自由は厳しい

私は埼玉県の熊谷《くまがや》高校という学校に通っていました。創立から一二〇年を超える県立の男子校で、「自由と自治」という校風が伝統として受け継がれています。

熊谷高校には校則がありません。近年話題になっているブラック校則とは逆に、熊谷高校の生徒には無制限の自由が与えられているのです。私も友人たちも自由な校風を当然のように受け入れ、高校生活を謳歌《おうか》する三年間を過ごしました。

在学中に先生や先輩から繰り返し言われたのは「自由の数だけ責任がある」という言葉でした。そしてことあるごとに「自由とは何か」を考える機会がありました。この伝統のおかげで、熊谷高校はルールがなくても、そのせいで無法地帯のようになることはありません。

一年生のとき講演会で話をしてくれた卒業生の言葉は、今でも印象に残っています。一字一句《いちじいっく》まで覚えているわけではありませんが、要約《ようやく》すると次のような内容でした。

自由というのは実はとても厳しく、難しいものです。社会に出ると、守るべきルールが存在するというのはとても楽だ、ということがよくわかります。何をすればいいのか、何をしてはいけないのかが決められている世界では、それに従っていればいいからです。してはいけないことが決まっているということは、禁止されていることさえしなければ何をやってもいいということでもあります。

しかし、熊谷高校にはそのルールがありません。もちろん、してはいけないことが決められていないからといって、何をやってもいいというわけでは当然ありません。やってもいいこと、やってはいけないことの線引きがルールとして与えられていない以上、自分の中にその線引きを持たなければいけないのです。それが「自由の数だけ責任がある」という言葉の意味です。自由と自分勝手は違うのです。

私は、高校に入学するまでは校則の厳しい私立の中学校に通っていたので、この話を聞くまで「自由とは頑張《がんば》ってこの学校に入学した生徒たちに与えられた、ごほうびのようなもの」という意識がどこかにありました。だからこそ、このとき聞いた「自由とは厳しいものだ」という言葉は、とても衝撃的《しょうげきてき》でした。

あなたにとって自由とはどのようなものでしょうか。自由とは責任を伴う厳しいものだということを子どもたちに伝えているでしょうか。私は子どもたちに法律やルールの目的を知ってもらい、自由の本当の意味を考えてほしいと思っています。

この話はさきほどの「法律がもたらす制限と自由」とも深く関わっています。校則がなくても守るべきルールの中には、もちろん法律も含まれています。高校生だった当時の私は「してはいけないことが決まっているということは、禁止されていることさえしなければ何をやってもいいということ」という言葉を聞いても、「たしかにそうだけど、そんなの当たり前のことだよね？」という程度の感覚でした。

この言葉の本当の意味が理解できたのは、大学で法律学の基礎科目《きそかもく》を履修《りしゅう》し、「罪刑法定主義《ざいけいほうていしゅぎ》」という言葉を学んだときだったのです。

罪刑法定主義

罪刑法定主義《ざいけいほうていしゅぎ》とは、「何をやったら犯罪になるのかということと、それぞれの犯罪に対してどのような刑罰を与えるかは、あらかじめ法律で決めておかなければならない。また、法律で決められていないことに対しては、犯罪として刑罰を与えることはできない」という原則です。これは法律全般の中でも、刑罰を定めている刑法と、刑法に関連する法令（道路交通法など）で大原則となる考え方です。

なぜなら、刑罰の中には強制的に生命を奪う死刑をはじめ、自由を奪う懲役《ちょうえき》、財産を奪う罰《ばっ》金《きん》といった、人権侵害《じんけんしんがい》を伴うものがあるからです。こういった人権侵害がルールによらずに恣意《しい》的《てき》に行われることは、何としても避けなければいけません。

かつて絶対王権の時代には、王様の気分次第で罪になったりならなかったり、刑罰が重くなったり軽くなったりということがしばしば起きていました。人々の人権が守られるどころか、一人ひとりに守られるべき人権があるという考え方それ自体がありませんでした。

日本でもかつては、「国益《こくえき》は個人の権利に優先する」という思想のもとに、十分な補償《ほしょう》なく人命や財産が国に奪われることがありました。こうした歴史に対する反省として、現在では日本をはじめとする多くの国が、国民を主役にした民主主義国家になっています。

日本国憲法第三一条は「何人も、法律の定める手続によらなければ、その生命若しくは自由を奪はれ、又はその他の刑罰を科せられない」と定めています。これが日本での罪刑法定主義の根拠《こんきょ》です。

さきほど道路交通法が存在しない社会の交通事情を想像してみましたが、ここでは一切の法律が存在しない世界を想像してみましょう。

もし法律がなければ、社会は秩序《ちつじょ》を失います。だれもが命や財産を奪われる危険にさらされながら、自分で自分の身を守って生活しなければいけません。

それだけではなく、何が犯罪で、何が犯罪ではないのかという線引きがないので、自分が何気《なにげ》なくやったことが原因で、または権力者の気まぐれで、とつぜん犯罪者として罰せられるかもしれません。

そういう世界では、もしかしたら横書きの小説を読むことは犯罪になるかもしれない、もしかしたらカレーにソースをかけることは犯罪になるかもしれない、もしかしたら粒あんのお菓子を食べることは犯罪になるかもしれない……。こうした心配をかぎりなく抱えて生活することになります。

現実にはこういったバカバカしい心配をせずに生活できるわけですが、それは法律があり、罪刑法定主義があるおかげです。

しかし、日本国憲法によって罪刑法定主義が確立される前には、「常識的に考えてありえない」理由で摘発《てきはつ》され、刑罰を受けるということが実際にありました。王様や役人などの権力をもつ者にとって気に入らない人間、邪魔《じゃま》な人間がいれば、なんとでも難癖《なんくせ》を付けて罰することが可能だったのです。

多くの国が民主主義国家となり、法治主義《ほうちしゅぎ》を採用した現在でも、罪刑法定主義の考え方は変わらず受け継がれています。絶対王権の時代ほど権力が集中していないのに、どうして罪刑法定主義は維持されているのでしょうか。

現代では、社会の変化によって法律が想定していなかったような事件が起こります。多くの人が「法律に定められた刑罰が軽すぎる」と感じるケースもあります。たとえば少年による残酷《ざんこく》な犯罪や、悪質な運転手による交通事故などです。

こういった事件を通じて厳罰《げんばつ》を求める国民感情が強まれば、場合によっては法律が改正され、厳罰化が進むこともあります。しかし、その過程はすべて法律に従っていなければいけません。

もし罪刑法定主義がなければ、国民感情に流されて場当たり的に刑罰が重くなったり軽くなったり、権力者の気分次第で取り締まられたり見逃されたりするような事態が起きてしまうでしょう。これが、現代においても罪刑法定主義が維持されている理由です。

たった一人の君主であろうが、大多数の国民の感情であろうが、法律に対して感情が先行する判断は許されないのです。なぜなら、「気に入らない人を犯罪者に仕立て上げて厳罰に処《しょ》す」という悲劇は、絶対王政だろうが民主主義だろうが、いつの時代にも起こりうることだからです。

もし江戸時代に罪刑法定主義があったら

日本史に、鐘銘事件《しょうめいじけん》という有名なできごとがあります。事件名ではピンとこないかもしれませんが、徳川家康《とくがわいえやす》が豊臣家《とよとみけ》を滅《ほろ》ぼした大坂冬《おおさかふゆ》の陣《じん》・夏の陣のきっかけとなった、「鐘《かね》に刻《きざ》まれた銘《めい》文《ぶん》に対する言いがかり事件」のことと言えば、思い出される方もいらっしゃるでしょう。

天下統一《てんかとういつ》を果たしたばかりの徳川家康にとって、豊臣家の存在は唯一《ゆいいつ》残された脅威《きょうい》でした。ですが、正当な理由もなく豊臣家の跡取《あとと》りを殺すわけにはいきません。そこで、豊臣秀吉《とよとみひでよし》の後継《こうけい》者《しゃ》である秀頼《ひでより》が再建を進めていた京都の方広寺《ほうこうじ》というお寺で、新たに製作された鐘に刻まれた銘《めい》文《ぶん》に、徳川家康が因縁《いんねん》をつけたのです。

その銘文は「国家安康《こっかあんこう》」「君臣豊楽《くんしんほうらく》」というものでした。徳川家康は、二つ目の銘文は「豊臣」という字をそのまま入れて繁栄《はんえい》を願っているのに対し、一つ目の銘文では「家康」という名を「安」という字で分断《ぶんだん》し、徳川家滅亡《めつぼう》の呪《のろ》いをかけていると主張したのです。

本当に言いがかりだったのかという点は諸説《しょせつ》ありますが、現代の私たちの感覚では、いかにも言いがかりだろうと思ってしまいますよね。

「相手が嫌がることをしてはいけない」という道徳的な観点からは家康の主張も理解できないことはありませんが、その代償《だいしょう》としてまさか一族の滅亡を招くとは、豊臣秀頼も思っていなかったでしょう。

このようなトラブルは現代においては一切起こらない、とは言い切れませんが、もしあったとしても個人の間で生じたもめ事として、つまり民事事件《みんじじけん》としてお金のやりとりで解決し、刑事事《けいじじ》件《けん》にはならないでしょう。なぜなら刑法には「誰かの名前に呪いをかけたら罪になる」とは書かれていないからです。けれど、それは罪刑法定主義があればこそです。

もし罪刑法定主義がなければ、お寺を再建して鐘を鋳造《ちゅうぞう》しただけで一族の滅亡を招くかもしれません。そう思うと、あらゆることが怖くて何も自由にできなくなります。幸いにも現代では罪刑法定主義のおかげで（？）、寺院再建に寄付や協力をしても犯罪になる心配をする必要がありません。

罪刑法定主義にはこのように、①権力者の恣意的《しいてき》な刑罰を防ぐ、②法律による制約を最低限にとどめ、私たちの自由を確保する、という二つの側面があります。

罪刑法定主義によって私たちの社会は、「法律によって人々の自由を制約することで、より大きな自由を保障《ほしょう》する」という、一見矛盾《むじゅん》したあり方を実現しているのです。

刑罰とは人権侵害である

最近は、性犯罪《せいはんざい》の厳罰化《げんばつか》、少年事件の厳罰化、あおり運転の厳罰化など、「厳罰化」に向けた議論が盛んです。このような議論の前提としても、「刑罰とは人権侵害である」という認識をきちんと持っておくことが重要になります。

刑法には「Aをした人にはBという刑罰を与える」と明確に書かれています。そして、実際に起きた犯罪に刑法をあてはめて実行する仕組みが刑事制度です。

刑事制度とは、悪いことをした人に罰を与えることで更生《こうせい》を促《うなが》したり、犯罪を思いとどまらせたりすることで犯罪の抑止《よくし》につなげる仕組みであることは、改めて説明するまでもないでしょう。

犯罪というのは誰にとってもされたら嫌なことであり、明らかな人権侵害です。誰かが誰かの人権を侵害することがないように、刑罰が予告されているのです。

実際に起きた犯罪に対してこの刑罰が軽すぎると感じられたときに、厳罰化を求める声があがります。多くの国で廃止される傾向にある死刑制度が日本ではなくならないのも、「命をもって命を償《つぐな》うべきである」という世論が強いからでしょう。日本人の中には、加害者には重い罰を与えなければ被害者が報《むく》われない、と感じる人が多いのかもしれません。

しかし、何度も言うように、刑罰とはそれ自体が人権侵害を伴《ともな》います。冤罪《えんざい》が許されないことはもちろん、罰が重すぎれば加害者の人生も取り返しのつかないダメージを受けます。ですから、たとえ刑罰が「人権侵害を防ぐための人権侵害」であったとしても、国家権力が刑罰として人権侵害を行うにあたっては、くれぐれも慎重になる必要があります。

厳罰化にあたって気を付けなければいけないポイントは、①刑罰の重さのバランスを取ること、②適正手続《てきせいてつづ》きを保障すること、の二点です。

刑罰の重さはバランスが大切

まず一つ目の「刑罰の重さのバランスを取ること」についてですが、刑罰は重すぎても軽すぎてもいけません。刑罰が重すぎれば、犯罪の抑止どころか、深刻化《しんこくか》につながる可能性もあります。それを防ぐためには、他の犯罪に科された刑罰とのバランスも考えなければいけません。

たとえば空《あ》き巣《す》などの窃盗罪《せっとうざい》（刑法第二三五条）に対する刑罰は「十年以下の懲役《ちょうえき》又は五〇万円以下の罰金」です。ところが、脅して抵抗できない状態にしたうえで盗みをすれば強盗罪《ごうとうざい》（刑法第二三六条）です。刑が重くなって「五年以上の有期懲役《ゆうきちょうえき》」になり、罰金刑で済むことはなくなります。さらに、住人にケガを負わせてしまった場合は強盗致死傷罪《ごうとうちししょうざい》（刑法第二四〇条）になり、罪は格段《かくだん》に重くなります。強盗致死傷罪の刑罰は「無期《むき》又は六年以上の懲役《ちょうえき》」「（人を）死亡させたときは死刑《しけい》又は無期懲役《むきちょうえき》に処《しょ》する」とされており、死刑もありうる重罪《じゅうざい》になるのです。

では、もし「空き巣を厳罰化せよ」という議論が高まり、窃盗罪を強盗致死傷罪と同等にしたらどうなるでしょうか。

犯人にしてみれば、盗みに入った家に人がいた場合、そのまま通報《つうほう》されて捕《つか》まってしまえば厳罰が待っていることになります。どうせ同じ罰を受けるのであれば、家にいた人を殺してしまったほうが逮捕されるリスクが下がると考えるかもしれません。そうなってしまえば、犯罪を防止するための刑罰が、逆に犯罪の悪質化を招くことになってしまいます。

厳罰化を議論するときには、このように他の犯罪に対する刑罰とのバランスも含めて考えなければならないのです。

かといって刑罰は軽すぎてもいけません。窃盗罪に問われるのは空き巣だけではなく、万引きや置き引き、自転車泥棒《じてんしゃどろぼう》なども含まれます。窃盗罪の刑罰は「十年以下の懲役又《ちょうえきまた》は50万円以下の罰金」ですが、仮にこれを「罰金50万円以下」だけにして、懲役刑をなくしてしまうとどうなるでしょうか。50万円以上のものを盗めば、たとえ罰金を払ったとしても得をすることになってしまいます。これでは窃盗という犯罪を抑止する効果はありません。

そこで、軽すぎず重すぎない刑罰を、事件の具体的な内容や事情をふまえて決めるために、法律ではある程度の幅をもって刑罰を設定しているのです。また、窃盗罪の「懲役又は罰金」のように、複数の刑罰から選択できるように設定されているものもあります。

そして、罪を重《かさ》ねるたびに刑が重くなっていく形で運用される場合もあります。初犯《しょはん》であれば執行猶予《しっこうゆうよ》が認められたとしても、二回目であれば実刑《じっけい》、さらに罪を重ねれば長期間の懲役刑《ちょうえきけい》になるという具合です。また、付加刑《ふかけい》というものがあり、盗んだものや、盗んだものを売って手にしたお金は没収《ぼっしゅう》されます。これで「50万円以上のものを盗めば罰金刑になっても元が取れる」というような発想を予防しているのです。

このように、犯した罪の重さに対して、重すぎず軽すぎない刑罰を与えられるように法律は作られており、同時に起こりうる犯罪の内容や、それぞれの犯罪に対する刑罰のバランスについても考え抜かれています。

刑の厳罰化にあたっては、犯罪を抑止する上で刑の重さが効果的であるか、また他の犯罪とのバランスを考えた場合に適切な重さであるかを注意深く考えて決める必要があるのです。

刑罰には適正な手続きが欠かせない

厳罰化にあたって気をつけるべき二つ目のポイントが適正手続《てきせいてつづ》きです。これは「人権侵害を防ぐための人権侵害」という矛盾《むじゅん》した仕組みである刑事制度を正当化するために必要なプロセスのことです。

犯罪が起こり、警察が犯人を逮捕《たいほ》すると、マスコミは「容疑者《ようぎしゃ》が逮捕された」と報道します。ここで「犯人」ではなく「容疑者」と呼ばれるのは、この段階では犯人だと断定《だんてい》することができないからです。「容疑者」はあくまでも、「犯人ではないかと今のところ疑われている人」という意味にすぎません。ちなみに、「容疑者」はマスコミが使用する言葉で、法律的には「被疑者《ひぎしゃ》」と呼びます。

警察と検察《けんさつ》は被疑者を取り調べたり、証拠を揃《そろ》えたりして、「この被疑者は有罪に間違いない」と確信すると、裁判所に起訴《きそ》します。この段階でもまだ犯人ではありません。

起訴された被疑者には弁護人が付いて裁判を受け、有罪か無罪か、有罪ならばどのような刑を受けるかが決まります。不服《ふふく》があれば、三回まで裁判を受けることができます。有罪判決が確定すると、その刑事事件のひとまずの結論が出ることになります。

逮捕された時点で被疑者が容疑を認めている場合もありますが、「自分は犯人ではない」と無罪を訴えている場合もあります。無実の人に刑罰を与えてしまうことは、あってはならない悲劇です。冤罪《えんざい》だけは絶対に防がなくてはいけません。

また、必要以上に厳罰を与えたり、加害に至るまでの動機を一切無視して刑罰を決めたりしてしまえば、犯人の更生《こうせい》にとっては逆効果になることもありえます。そのためにも、刑事裁判では非常に慎重《しんちょう》なプロセスが求められるのです。

有罪の判決が確定するまで、被疑者は「無罪かもしれない」という前提での扱いを受けることになっています。弁護士に味方として守ってもらう権利や、言いたくないことは言わなくていい権利、つまり黙秘権《もくひけん》も認められています。こうした配慮《はいりょ》は世界的に見ても多くの国で徹底《てってい》されており、日本は「犯罪者に優しい国」と揶揄《やゆ》されたりもしますが、法の支配が行き届いた国家であることの証《あかし》ともいえます。

身に覚えのない犯罪の容疑をかけられる可能性は誰にでもあります。司法制度は人間が運用するものである以上、残念ながら間違いはどうしても起きてしまうのです。刑罰は人権侵害を伴うのですから、犯罪をしたと疑われている人の人権こそ、最も慎重に守られなければいけないのです。

あなたは心のどこかで「少なくとも私には関係のない話だな」、「私は犯罪の容疑をかけられるような人間ではない」と思ってはいないでしょうか。

「火のない所に煙は立たない」ということわざがあるように、私たちは「やましいことがなければ逮捕なんかされるはずがない」と思ってしまいがちです。けれど、「何もしていないのに逮捕された」というケース、あるいは「何もしていないのに有罪判決が出てしまい、刑罰を受けた」というケースは残念ながら実際に起きてしまっています。

「犯罪者に優しい国」などと揶揄されるほどの慎重な手続きを通じても、残念ながら冤罪《えんざい》を根《こん》絶《ぜつ》することはできていません。現実には、いったん容疑をかけられたら、「無罪である」ということを立証するのは、「有罪である」ことの立証に比べて格段に難しく、不可能な場合もあります。

もしかしたら、あなたも明日、何もしていないのに心当たりのない犯罪をしたとして逮捕され、裁判を受け、刑罰を受けるかもしれません。でももし、あなたがこれまでにニュースで「容疑者」と呼ばれる人たちに軽蔑《けいべつ》の眼差《まなざ》しを向け、猛烈《もうれつ》なバッシングを浴びせていたとしたら、その行為は無実のあなたにそのまま返ってくることになります。

司法制度の原則は「疑《うたが》わしきは罰《ばっ》せず」です。私たちも容疑者をむやみにバッシングするのではなく、「疑わしきは罰せず」を心がけなければいけません。

裁判で有罪が確定するまでは、「容疑者」と呼ばれている人は犯人ではないかもしれないと考えること、有罪判決を受けた犯罪者にも守られるべき人権はあるという心がけを持つことは、ニュースを見る上でも、厳罰化を議論する上でも重要なのです。

法律が時代に応じてアップデートされていくのは当然のことですし、近年は市民感情が法律に反映されやすくなったとも言われています。それだけに、厳罰化を唱《とな》えることには自覚と責任感が必要です。

重要なのは、**「厳罰化することによって、刑罰全体のバランスが改善されることになるかどうか」という視点を持つ**ことです。そのうえで厳罰化の議論に参加することが、より良い制度の実現につながります。

親子で厳罰化をめぐって会話をする機会があったら、ぜひここでお話しした視点を思い出してみてください。

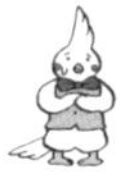

子どもと考えたい二つの問い

ここまで読んでいただいた方は、すでにかなり高度な法的センスが身についているはずです。試しに、お子さんと一緒に『こども六法』をもう一度読んでみてください。きっと、これまでとは違った新鮮《しんせん》さを感じながら、法律のしくみを理解することができるはずです。

そのときにはぜひ、次の二つの質問をお子さんに投げかけて、話し合ってみていただきたいと思います。

1　法律は何のためにあるのだろう?
2　法律に反していなければ何をやってもいいのだろうか?

一つ目の「法律は何のためにあるのだろう?」のポイントとしては、最初に「法律は法律だから守らなければいけないのではない」という点を説明してあげてください。そして、「それぞれの法律には、その法律を通じて守ろうとしていることがあるんだけど、それは何だろう?」と問いかけてみてください。難しすぎるようであれば、「もし法律がなかったらどうなると思う?」という質問から始めてみましょう。

法律の目的や、法律が何を守ろうとしているかを、お子さんが納得《なっとく》するまで一緒に考えてみてください。結論として、「だから法律は守らないといけないんだ」と気づくことができれば大成功です。**自分の中から芽生《めば》えた順法意識《じゅんぽういしき》は一生の財産になる**でしょう。

また、このときに「法律を作るには、制約と自由という対照的《たいしょうてき》な二つのもののバランスをうまく取ることが大切なんだよ」という話も一緒にできれば最高です。制約と自由に代表されるような、真逆《まぎゃく》にあるもの同士のバランス感覚は、法教育を通じて身につけたい重要な感覚の一つなのです。

法教育は今ある法律を学ぶだけの教育ではありません。「今はないけれど、こんな法律があればいいいな」と思う法律を自分で作ってみたり、実際に新しい法律が作られる様子をきちんとチェックしたりといった授業も行います。

法律を作る、というと難しそうですが、実際には子どもの自由な発想でかまいません。「国会議員の男女比を一対一にする」でもいいし、「学校にお菓子やマンガをもっていくことを自由にする」でもかまいません。そのうえで、その法律は一体何のために作るのか、法律を作ることでしか達成できない目標なのか、もしその法律が現実になったら制約と自由のバランスはうまく取れそうか、と考えてみるのです。

新しい法律は国会で決められます。世間ではあまり注目されていませんが、国会が開かれるたびに新しい法律が提案され、審議《しんぎ》されています。新しい法律が話題になったときは、ぜひニュースをチェックしてみてください。そして、なぜ新しい法律が必要になったのか、それで何が変わるのかを、お子さんと一緒に考えてみてください。大人も子どもも関係なく、このような感覚を備《そな》えた人たちが増えていくことで、政治への無関心や投票率《とうひょうりつ》の低下といった問題も解決できるのではないでしょうか。

二つ目の「法律に反していなければ何をやってもいいのだろうか?」という質問のポイント

は、法律が時には人権侵害を伴うものであるという矛盾や限界を、どのように乗り越えようとしているのかを認識することです。また、この問いは「法律では禁止されていないが、道徳的にはどうだろう」という第3章の内容にも繋《つな》がっていきます。この問いを考えることは規範意識《きはんいしき》と倫理観《りんかん》の両方を育てていく上でも有意義です。

お子さんと一緒にニュースを見ているときに、法制度に疑問を感じるようなことがあったら、ぜひその思いを口にしてみてください。そして、お子さんにも意見を求めてみてください。子どもの発想は意外なほどしっかりしていることがあります。そこに、この二つの質問を投げかけてみるのです。

この問いに正解はありません。現実の社会では、決まった答えのない問いを考える能力こそが重要になることは、多くの大人が痛感《つうかん》していることと思います。その能力を子どもに習得させるために、そしてすでに大人になったあなたがその能力をさらに磨《みが》くために、ここに挙《あ》げた問いかけは刺激的《しげきてき》な経験をもたらしてくれるはずです。

あと1メートルで、バトンは渡る。

令和メディア研究所主宰（慶應義塾大学で著者の指導担当）　下村健一

実は大人の世界でも、「おとな六法の使い方」というこんな本が欲しいなぁと思うことって、時々ありますよね。専門レベルあるいは一般常識レベルの法知識は持っていても、それを自分自身の実生活となかなか直結できていない大人は、少なくありません。法学部卒業生の私だって、あやしいものです。

例えば、差別行為は違法であることを頭で知ってはいても、コロナ患者を受け入れている病院の関係者や、感染者の多い地域から来た訪問者に対し、つい差別的な言動をとってしまう人々。こうした人たちは、自分の行動を単なる感染拡大防止策だと思っていて、これが正に差別行為であるという《結びつけ》ができていません。だから、いくら「コロナ差別はやめましょう」と呼びかけられても、自分がその呼びかけ対象者だとは気づいていないので、一向に響きません。――そう、肝心なのは、知識と自分とを《結びつけ》、「これは私にも当てはまることなんだ」と、はたと気づくことなのです。

子どもの世界も、同じです。もし私の近くに、現に今いじめや不当な扱いで苦しんでいる子がいたら、『こども六法』の本を一緒にパラパラめくりながら、「このネズミは、僕とはちょっと違うな」「あ、このウサギは私みたい」……などと、その子が自分で気づいて《結びつけ》てゆくのを、さりげなく手伝えたらなぁと思います。（「君のケースは○ページだね」などと押し付けてはいけません。それでは、その子はこの本を自ら使いこなせるようにはなりませんから。）

子ども達にとって一〇〇メートルぐらい遠くの存在だった「六法」を、『こども六法』は一気に99メートルぐらい近づけてくれました。ここでバトンを受け取って、ラスト1メートルの距離を埋め、その子と《結びつけ》るのは、近くにいる大人——つまりあなたの役割です。バトンリレーのアンカーは、あなたです。

『こども六法』のイラストにあふれている普遍的な《身近な事例》を、個別具体的な《ボク・私の事例》に結びつけること。子ども達の独力ではなかなか難しいその作業が、周囲の大人のアシストで実現したとき、『こども六法』は《教育書》から《実践書》に変わります。《面白い書物》から《使える道具》に変わります。

活かしきりましょう、ぜひ。

第6章

なぜ子どもは校則を守らないのか

法律への誤解は どこで身につく？

「法律はみんなを守るためにある」

これは『こども六法』の帯に入っているメッセージです。何気《なにげ》ない一言ですが、この一文に意外性を感じた方も多かったそうです。おそらく「法律は私たちを守るものではなく、縛《しば》るもの」という認識《にんしき》が強かったからではないでしょうか。

法律に「守られている」と感じる以上に「縛られている」と思ってしまう原因の一部は、学校教育にあり、その最たるものが校則です。最近では「ブラック校則」というワードが話題になるほど、校則には細かい取り決めが多いことはみなさんもご存じでしょう。これだけ多様性《たようせい》を重視する時代になっても、校則が廃止されたという話はあまり聞きません。

あなたは校則に対してどのような思い出があるでしょうか。

自分たちには変えることができず、先生たちが勝手に決めて、従わなければ罰《ばつ》が与えられるもの。しかも、大人たちは自由に楽しんでいるファッションやヘアスタイルを理不尽《りふじん》に制限するもの——そんなイメージではないでしょうか。そしてこのようなイメージは、あなたが今まで法律に対して抱いていたイメージと重なるのではないでしょうか。

校則について否定的《ひていてき》な意見ばかり挙げましたが、もちろん校則は子どもたちに健全《けんぜん》な学習の場を与えるために大人たちが一生懸命に考えたものです。そして、子どもたちが最初に触《ふ》れるルールとして正しく運用《うんよう》すれば、法教育においても大きな役割を果たします。

ただ、いくら相手が子どもだからといって、なんでも強制的に禁止したり、罰則《ばっそく》をもって指導したりするのは逆効果になりかねません。ここでもやはりバランス感覚が重要なのです。

本章では、法教育におけるダイヤの原石ともいえる「校則」の効果的な運用方法について考えていきたいと思います。

ルールを破ることは大人になること？

あなたが校則を強く意識したのは、おそらく中学校・高校時代ではないでしょうか。あなたが通った学校にはどのような校則があったでしょうか。

制服のある学校であれば、着用《ちゃくよう》義務《ぎむ》や着こなしのルール、衣替《ころもが》えの時期などが細かく決められていたかもしれません。登下校時の寄り道や買い食いの禁止、頭髪《とうはつ》の長さや色、ゲームや漫画の校内持ち込み禁止などなど、さまざまなローカルルールがあったと思います。

あなたは校則を守る生徒だったでしょうか、それとも守らない生徒だったでしょうか。

そのいずれの場合であっても、校則の存在や内容を理不尽だと感じたことのある方は少なくないはずです。では、なぜ校則は理不尽だと感じやすいのか。その理由は主に次の三点です。

1　勝手に決められていて変えることができない

2　大人は禁止されていないことなのに禁止されている

3　理由が説明されない、または説明されても説得的ではない

たしかに法律と似ている点もあります。ただし、法律は時代遅れになったら変えることも廃止することもできますし、必要と感じたら新しく作ることもできます。日本に生きるすべての人のためのものですし、意味なく作られる法律はありません。

『こども六法』を購入された親御さんからは「ルールを守る子に育ってほしい」というお声をいただきます。では、その守るべきルールとして想定しているのは法律でしょうか、それとも校則でしょうか。

さきほどは「法律は法律だから守るのではない」ということをお子さんと一緒に考えていただ

きました。校則もまた、校則だから守るのではなく、本来は子どもたちが勉強に集中できる環境を整えるために守らなければいけないはずです。

ところが、子どもたちにとって校則は、大人たちが自由にやっている、別に誰に迷惑をかけるわけでもない「楽しいこと」を、子どもだからやってはいけない、と一方的に押し付けてくるものと感じられがちです。校則は、多くの子どもたちにとって公平なルールではないのです。

だとすればルールを破ることは、大人と対等な立場に立とうとする子どもたちにとって通るべき道でもあります。罰を恐れず校則を破り、大人に反抗することは「勇気ある行動」であり、「自らも大人に近づく」ことであり、「カッコいい」ことなのです。

このように考えれば、「やんちゃ」と形容されるような、校則を積極的に破ってしまう子どもは決して理解不能なものではないでしょう。未成年で飲酒や喫煙に手を出したり、無免許でバイクや自動車を乗り回したり、万引きや恐喝《きょうかつ》に手を染めたりといった触法行為《しょくほうこうい》（大人であれば犯罪に当たる行為）に走る子どもたちにとって、「法律」は校則の延長にすぎないと考えることもできます。大人が勝手に押し付けてくる理不尽など破ってもかまわない、という感覚です。そういう子どもに「法律は法律だから守らないとダメだ」と説明したところで順法意識《じゅんぽういしき》が高まるわけがありません。

実際には、校則は私法《しほう》であり、学校の中だけで通用するローカルルールにすぎません。ところが、刑法をはじめとする法律は日本に住む全員のルールです。二〇歳未満の子どもには少年法が適用されますが、罪がなかったことにはなりません。あとから後悔しても遅かった、という事態を避けるためにも、子どもの頃から正しい順法意識を育てることが必要です。

子どもたちが校則違反と同じ感覚で法律違反をしてしまうのを防ぐためには、校則の理不尽ポイントを放置したまま校則を押し付けることをやめなければいけません。逆に、その時点で校則の意義《いぎ》を理解できるようになれば、法教育の導入になります。法的な価値観や考え方が身につき、政治参加への意識も高まるなど、いいことづくめです。

校則はほとんどの人が経験する貴重な法教育の教材です。それなのに、有効に活用されていないばかりか、法規範《ほうきはん》に対する誤《あやま》った理解と意識を育む有害《ゆうがい》なものになってしまっているケースが多々あることは、あまりにも「もったいない」ことなのです。

校則って何のために あるのだろう？

子どもたちの生活を縛《しば》り付ける校則の目的は「学校の風紀《ふうき》を守るため」、「規律《きりつ》を正して秩序《ちつじょ》を守るため」、「子どもたちの統率《とうそつ》を取るため」などが挙げられます。では、大人たちが休日に好きな服装をして自由な行動をしていることは、風紀が乱れていることになるのでしょうか。大人たちが通勤途中に立ち寄るコンビニは秩序が崩壊《ほうかい》しているのでしょうか。髪型や服装が自由なベンチャー企業は統率が取れていないのでしょうか。

「どうして大人はよくて子どもはダメなのか」と問われたら、あなたはどう答えるでしょうか。まさか、「大人だからよいのだ」と答えてはいないですよね？

大人たちが守っていない決まりを子どもだけに押し付けるのであれば、子どもたちに納得できる説明をする必要があります。

教師などの子ども相手の仕事をされている方などは「どうして大人はよくて子どもはダメなのか」と反論されると、「屁理屈《へりくつ》だ」とか、「学校は別だ」などと思うかもしれません。けれど、ここはぜひ子どもが納得できるまで丁寧《ていねい》に議論をしてみてください。

そもそも、子どもの主張を「屁理屈だ」と一蹴《いっしゅう》するのは最悪の対応です。なぜなら「屁理屈だ」という言葉が大人から子どもに向けられたとき、子どもは「その主張は論理的には正しい。しかし私は聞き入れるつもりはない」という意味で受け取るからです。それはつまり「わが家では**論理は無意味だ**」という教育方針の表明であり、「**権力で抑え込んだ者の主張が通る**」という認識《にんしき》を経験的に身につけさせることになってしまいます。

もちろん、実際に子どもが屁理屈をこねている場合もあるでしょう。その場合あなたは、「それは屁理屈だ」という言葉を「それは詭弁《きべん》だ」という意味で使っているのかもしれません。子どもの論理に欠陥があることを指摘したいのであれば、「屁理屈だ」と否定するだけではなく、論理のどこが間違っているのかを具体的に説明する必要があります。そうしないと、子どもは「自分の意見表明自体が否定された」と感じてしまうことになるでしょう。

詭弁とは、相手を説得するために、実際には誤っている事実を正しいかのように論理を展開することです。たとえばニュースで無差別殺人事件が報じられ、「犯人はテレビゲームを愛好《あいこう》していた」という情報が出ていたとします。「だからテレビゲームは危ないんだね」と子どもが言ってきた場合は、これは「早まった一般化」と呼ばれる詭弁、または誤謬《ごびゅう》です。極端な事例をピックアップして「テレビゲームは危険」と主張しても、その主張に統計的な裏付けはありません。

このような主張がありうるなら、たとえば「無差別殺人犯は朝食にパンを食べていた。だからパンは危険だ」という主張もありうることになります。また、最近では類似《るいじ》する論理展開として、政治の世界で「ごはん論法《ろんぽう》」という論理が話題となりました。これは、「ごはんは食べていません」と国会答弁した後で、実際には食事をしていたという事実が判明した場合に、「ごはん

（米）は食べていないと言ったが、パンは食べた」と釈明《しゃくめい》するような論理展開を揶揄《やゆ》するメディア用語です。

ごはん論法は相手の質問を曲解《きょっかい》し、答えるべき論点を意図的《いとてき》にずらして回答を回避《かいひ》する手法であり、屁理屈の代表としてイメージしやすいものでしょう。ここではこれ以上詳しくは触れませんが、興味がある方はほかにどんな屁理屈論法があるのか、ぜひ調べてみてください。知らず知らずのうちに自分もそのような論理展開をしてしまっているかもしれません。

子どもがこのような論理展開をしてきた際には、具体的にその論理のどこに欠陥《けっかん》があるのかを大人が指摘してあげることで、子どもの論理的思考力は高まっていきます。「それは早まった一般化だ」、「それはごはん論法だ」というように、いちいち屁理屈の欠陥ポイントを指摘するのは労力を要する、高度な反論になりますから、多くの方は面倒だと思われるかもしれません。論理は苦手という方もいらっしゃるでしょう。むしろお子さんの方が議論に強いということもあると思います。論理の欠陥を指摘することは子どもの論理的思考力を強化する上で効果的な教育ではありますが、無理してまで論理で返す必要はありません。

ただ、少なくとも「屁理屈だ」という一言で終わらせるのではなく、「なぜ屁理屈なのか」まで説明しなければ、子どもは自分の論理が破綻《はたん》していることに気付くことができません。大切な

のは、子どもの意見表明と向き合い、気持ちに寄り添いながら、欠陥があれば指摘するというスタンスを守ることなのです。

それでは、子どもたちから校則の意義に対する反論を受けた場合、どのように対応するのがよいのでしょうか。これは実際のところ、そこまで難しい話ではありません。まず、**「校則は手段である」という基本を子どもたちに理解してもらったうえで、「目的を達成する最適解《さいてきかい》」を導き出す議論をすればいい**のです。

たとえば、制服や頭髪《とうはつ》についての校則の目的として最も一般的なのは、「風紀《ふうき》を守る」というものです。制服や頭髪を一切自由にしてしまうと、興味や関心がそちらに向かってしまい、子どもたちが勉強に集中できなくなってしまうのではないかと大人たちは心配しているのです。

けれど、この論理には子どもに対する性悪説《せいあくせつ》を感じます。子どもたちにしてみれば、大人は自分たちを信用してくれないという悪い印象しか与えません。こうした大人への不信感が社会全体への不信感につながっていくとすれば、どちらにとっても不幸です。

そこで提案したいのは、子どもたちにも議論への参加権を与える手法です。風紀の乱れが心配なのであれば、風紀を乱さずに個性を主張できる制服の着こなしとはどのようなものか、子どもたちにガイドラインをまとめてもらい、その範囲《はんい》で制服や頭髪をアレンジしてもいいことにする

のです。

もし、それによって問題行動が増えるようなことがあれば、その結果に基《もと》づいて子どもたちと改めて話し合い、再度、着こなし厳格化《げんかくか》の警告《けいこく》を出せばいいのです。逆に、むしろ問題行動が減少したり、成績が向上したりといったいい効果が現れたなら、服装を自由化するなど、さらなる校則緩和《かんわ》も子どもたちの求めに応じて検討してもいいでしょう。

そうすれば、校則は子どもたちにとって一気に自分事《じぶんごと》になります。どうすれば制服の着こなしを楽しみながら校則を守れるのか、服装の乱れが風紀の乱れにつながるというのは本当なのか、風紀の乱れを起こさないためには何に注意すればいいのか、そうしたことを子どもたち自身が考えるようになるのです。

校則は「問答無用《もんどうむよう》で守るべきもの」ではなく、「自分たちを守ってくれるもの」でもあると子どもに実感させることで、法律についての導入教育《どうにゅうきょういく》をすることができます。これは家庭のルールでも同じです。

このとき、成功・失敗、いずれの結果が出ても、大人は冷静に対処してください。順法精神を育てるための教材と割り切れば、何度失敗してもかまわないのです。ポイントは「子どもが自らルールを考える」という経験をさせることなので、大人は介入しすぎないことが大切です。

ブラック校則は憲法違反？

最近はSNSなどで「ブラック校則」が話題に上ることがあり、映画やテレビドラマのテーマにもなっています。さすがに「男女交際禁止」や「ポニーテール禁止」といった校則には驚きますが、珍しいものではないそうです。さらには「女子生徒のブラジャー着用禁止」や「下着の色は白色のみ」といった、ここまでくると性的虐待《せいてきぎゃくたい》ではないかと疑うような校則も存在するようです。

頭髪の長さや髪型への規制は一般的に細かい傾向にありますが、中でも「黒髪」への盲目的《もうもくてき》なこだわりが強い学校は一定数あるようです。こうした学校では生まれつき髪色が明るいだけで黒く染めることを強制されたり、教師からのいじめに遭《あ》うということがあったりと、一体誰のための校則なのか尋《たず》ねてみたくなります。

これらのブラック校則に共通する問題は、大人社会ではありえない規制であること、そしてルールで規制する必然性《ひつぜんせい》が十分ではないことです。いずれの校則についても一応、理由の説明はされているのですが、「管理のための校則」「学校の責任逃れのための校則」と解釈《かいしゃく》せざるをえないような理由であり、本当に子どものためになっているとは思えません。

たとえば「肌着・女子生徒のブラジャー着用禁止」は、「汗をかいた後に身体が冷えるため」（朝日新聞デジタル、二〇一八年六月一日）、「ポニーテール禁止」は「うなじが男子の欲情《よくじょう》を煽《あお》るため」（産経ニュース、二〇一七年八月二一日）、という理由がつけられています。

二〇二〇年、東京都立高校における「ツーブロック禁止」という校則について都議会で質疑《しつぎ》が行われ、話題になりました。ツーブロックとはサイドや襟足《えりあし》を短く刈り込むことで段差を作る男性の髪型です。東京都教育委員会によればツーブロック禁止の理由は「外見等が原因で事件や事故に遭うケース」があるためだそうです（毎日新聞、二〇二〇年七月一七日）。

いずれも一定の理解を示す人がいるからこそ校則として維持《いじ》されているのでしょうが、果たしてそれはルールとして定めるべきことなのでしょうか。

この点、**法律では、他者に対する人権侵害を防ぎ、個人の自由と他者の人権とのバランスをとるために、人権の制約が認められる**のだ、ということを思い出してください。では、肌着・ブラジャーの着用、ツーブロックの髪型は、果たして誰かの人権を侵害しているのでしょうか。

基本的に、校則で「禁止」されていることは「望ましくないこと」と子どもは解釈《かいしゃく》します。大人もある程度はそのような意図《いと》で校則を制定しているのでしょう。それでは、学校が「ポニーテールは男子の欲情を煽るから望ましくない」というメッセージを発することは妥当《だとう》なのでしょうか。

ポニーテールは髪の長い女子にとっては、簡単に髪をまとめることのできる、一般的な髪型です。そこに欲情する男子がいたとしても、それは女子の落ち度ではありません。女子にはなんとも迷惑《めいわく》な話ですが、男子にしてみても、内心で想像をたくましくするだけなら、憲法で保障された「思想・良心の自由」の範囲内でしょう。

憲法

第19条　思想及び良心の自由は、これを侵してはならない。

ところが、それを好ましくないと考えた学校がポニーテール禁止を校則にするのは、かなり「苦しい」対応です。法律であろうと校則であろうと、ルールで「何を思うか」を規制することはできませんから、その代わりに欲情の原因と推定《すいてい》される「女子の髪型」を規制しているわけです。

この校則を道路交通法で例えるなら、交通事故を防ぐために歩行者が外に出ることを禁止するようなものです。ポニーテール禁止の校則がどれほど馬鹿《ばか》げたルールであるかがわかるでしょう。百歩譲《ひゃっぽゆず》って「欲情」の先にある性犯罪を懸念《けねん》していると解釈したとしても、ことさらに「予防の重要性」を強調することは「加害者が悪いのはもちろんだが、被害者にも過失があるのではないか」という「被害者責任論」に繋がりはしないでしょうか。

たとえば、痴漢被害《ちかんひがい》にあった女性に対して「肌を露出《ろしゅつ》した服装をしていたせいだ」、「暗い夜道《よみち》を一人で歩くのがいけない」といった、あたかも被害者に非があるように主張する人がいます。しかし、責められるべきはあくまで痴漢をする加害者側です。

ポニーテール禁止も同じ論法です。ポニーテール禁止というルールに潜《ひそ》む、またはそこから受け取られるメッセージは、「男子は欲情したら性犯罪をしても仕方がない。だから女子は欲情させないように気をつけなければいけない」というものになってしまう危険性を孕《はら》んでいます。しかし、ルールの根本的な目的に照らすならば、伝えるべきは「どんな理由があろうと性犯罪はダメ」という、あまりにも当たり前の原則であるはずです。これこそ本来、子どもたちに伝えるべきメッセージではないでしょうか。

ブラック校則に共通するのは、ルールとしてのバランス感覚の欠如《けつじょ》です。あれもダメ、これもダメと、どんどん規制を強化していくことで、法律アレルギーの子どもを作ろうとしているかのようです。けれど本物の法律であれば、人権侵害にならないように最大限の注意を払いつつ、他の法律とのバランスを考え、慎重《しんちょう》に新しいルールが作られます。肌着やブラジャーの着用、ツーブロックの髪型が誰かの迷惑になっているでしょうか。むしろこの校則こそが人権侵害になっているのではないでしょうか。

このようにブラック校則は、教師にとってのトラブル回避《かいひ》という観点からは理解できなくはないものの、子どもの教育上はむしろ有害《ゆうがい》であるケースも存在します。教育機関において、教育上有害な制度を頑《かたく》なに守ろうとするのは実に滑稽《こっけい》な話で、この点こそがブラック校則の問題点なのです。

あらゆる校則には本来の制定理由が存在していたはずです。制定当時には妥当《だとう》だったはずの理由も、現状にそぐわないことはあるでしょう。そうした検討や議論を怠《おこた》ったまま、「決まりだから」で頑なにルールを変えようとしないのは、校則を守らせること自体が目的化してしまっているからです。それは思考停止にほかなりません。

校則に関するあらゆる問題の原因は校則そのものにあるのではなく、校則の意義や改善点について思考停止《しこうていし》に陥《おちい》っている大人たちにあるのです。

有害なのは校則ではなく思考停止

人間は意味のないルールを継続的《けいぞくてき》に守ることはできません。それは大人も子どもも同じです。ルールを守らせる最も手っ取り早い方法は、そのルールが何のためにあるのかを理解させることです。相手が納得いくように説明することができないのであれば、そのルールはすでに時代遅れとなっていて不要なものか、本来の目的を達成するにはふさわしくない内容なのかもしれません。法律であれ校則であれ、このような場合は廃止《はいし》や修正を検討する必要があります。

日本の学校教育に必要とされているのは校則そのものよりも、校則をめぐる議論です。そして育てるべきは校則に無批判《むひはん》に従う子どもではなく、校則の内容に異議《いぎ》を唱《とな》えることのできる子どもです。逆説的《ぎゃくせつてき》ですが、**「校則の内容に異議を唱えることのできる子ども」こそが「校則をきちんと守る子ども」になる**のです。

大人たちは児童・生徒の疑問と真剣に向き合い、積極的に議論を行うことで、思考停止から抜け出さなければいけません。そして意外なことに、このような心がけは、いじめの早期発見にも効果的だと考えられます。

大学院での私の研究テーマは、いじめを経験した子どもたちがどのような場合であれば大人に相談しやすく、逆にどのような場合に相談しにくくなるのか、という要素の分析《ぶんせき》でした。その結果わかったことは、**相談した相手に自分の言ったことを否定されてしまうかもしれない、聞き入れてもらえないかもしれない、という懸念《けねん》が、身近な大人へのＳＯＳの発信を妨《さまた》げている可能性が高い**ことでした。これは当たり前といえば当たり前です。大人たちに対する不信感が日常的なコミュニケーションの中で高まっていき、いざ助けが必要となったときに相談することをためらわせてしまうのです。

私が『こども六法』で実現したかったことは、**子どもが法律を知ることで自分の権利を自覚すること、いじめられている子どもが自信を得ることができ、教師や保護者に相談できるようにすること、今まで知らなかった大人や相談機関に助けを求められる力をつけること**でした。

とはいえ、統計上、いじめの相談を最初に受ける可能性が圧倒的《あっとうてき》に高いのは、やはり教師と保護者です。だからこそ、子どものすぐそばにいる大人たちには、日頃から子どもの権利を尊重し、子どもとしっかり向き合い、守ってあげてほしいのです。

子どもは大人が思っている以上に、大人の言動《げんどう》に敏感《びんかん》です。理不尽な校則を強要する、自分たちの不満を受け止めてくれない、気持ちに寄り添うどころか話し合いにも応じてくれない。そうした姿勢が積み重なることで不信感を深めている可能性があります。校則に対する大人の思考停止も、子どもは敏感に察知《さっち》してしまいます。大人は校則に反発する子どもを「決められたルールに従おうとしない、素直じゃない子ども」と評価しますが、実はそういう子どもこそ、ルールの妥当性《だとうせい》に対して鋭い感覚をもっています。

近年、教育現場でもクリティカル・シンキング（批評的思考力《ひひょうてきしこうりょく》）が重視されるようになりました。そう遠くない将来、ＡＩが進化して単純労働のほとんどを担《にな》うようになれば、人間は人間にしかできない仕事に特化《とっか》することで生き残らなければいけません。

ＡＩが得意なのはあらかじめインプットされた情報を材料として統計上最適な選択をすることです。では、ＡＩにできなくて人間にできることはなんでしょうか。それは今あるものを批判《ひはん》的《てき》な目で見て、より良いものに改良していく、もしくはこれまでになかったものを作り出していくことです。

これからの社会が必要としているのは、決められたルールがないと動けない子どもではありません。他人とは違う発想《はっそう》ができ、これまでになかったものを生み出す能力をもつ子どもです。そういう子どもは校則をはじめとしたあらゆる既存《きそん》のしくみに対して疑問を持ち、修正意見を出してくるかもしれません。そういう規格外《きかくがい》の子どもこそ、可能性に満ちているという認識《にんしき》をもって、大切に育ててあげてください。

もちろん子どもですから、最初は経験の不足による論理の飛躍《ひやく》もあるでしょう。親や教師はその飛躍をきちんと指摘《してき》し、「なぜその決まりを守らなければならないのか」という疑問に、徹底《てってい》的《てき》に答えることも必要です。

校則についても同じです。お互いに納得いくまで話し合い、子どもの論理的思考力と政治参加意識を育てましょう。校則の意味に納得できれば、進んで校則を守ることはもちろん、その後の順法意識も自然と身につきます。**校則は法教育を進めていく上で、実に大きなポテンシャルを秘めた教材**なのです。「有害」の汚名《おめい》を着せられたままではあまりにもったいない、宝の持ち腐《ぐさ》れです。

子どもは興味関心の塊《かたまり》で、「生きる力」を習得するために日常的に試行錯誤《しこうさくご》し続けています。子どものダイナミックな思考プロセスに大人がついていくことは、面倒で骨の折れることではありますが、それこそまさに教育という営《いとな》みそのものであるとも言えます。今一度、思考停止に陥っていないか、わが身を振り返ってみて、子どもと一緒に思考し続けることを楽しんでみませんか。

学校を治外法権の場にしないために

社会学者　内藤朝雄

人間は、移動が困難で、状況次第で命運が大きく左右される境遇にある場合、周囲の〈社会的現実がどのように組み立てられているか〉についての感覚に反応して、生きているモードが切りかわる性質を有している。

学校は、外部の市民社会とは別の〈あたりまえ〉がまかりとおる場である。そこでは、社会で許されることが学校では許されず、社会で許されないことが学校では許される、という別の現実がつくられる。学校は多かれ少なかれ治外法権の聖域になっている。そこでは、市民的自由が剥奪され、しばしば人権や人間の尊厳が踏みにじられ、根本的に〈人間とは何か〉ということが異なってくる。人間は個人であってはならず、学校らしい学校の生徒らしい生徒として、自己（生きる中心起点）をみんなの共生にあけわたし、みんなの側からひびきあう諸関係のアンサンブルでなければならない。

特殊な新興宗教教団では殺人が魂を高い次元に引き上げる慈悲行（ポア）になり、連合赤軍でリンチ殺人がなかまを革命戦士に育て上げる同志的援助（総括）になるのと同様、外部の社会からは残酷な迫害や有害な全体主義の強要でしかないものが、学校では教育の一環になる。

このような別現実の教育的な世界に対し、法は人を正気に戻す作用を有する。法はいじめ加害者である教員や生徒の利害損得の計算式を激変させる効果を有するが、それだけではない。法は〈生きられる世界〉を切り替える強力なスイッチとして働く。法が現れることによって、人々の現実感覚は、極端な集団生活のモードから、市民社会のモードへと切り替わる（拙著『いじめの構造――なぜ人が怪物になるのか』講談社現代新書）。

学校の法化は現状に大きな改善をもたらす。『こども六法』はこの流れをつくるのに貢献するだろう。

社会は、学校が治外法権の別〈世界〉であることを許さなくなってきている。学校の法化は大局的には着実に進むと考えられるが、過渡期には法をでたらめな仕方で利用しようとする者たちも現れるだろう。

たとえば、暴力や暴力的な言動によって生徒を日常的におびやかしながら、逆らう者には法の断片を口走る教員や、法を使うことができるのは学校側だけであり、生徒が勝手に法を使うのは「部分社会の法理」があるから認めないとする管理職――こういった人たちが出てくるかもしれない。暴行も脅迫もしていないのに、授業中にじゃまだ、気に食わないと感じた生徒に対し、教員が「公務執行妨害だ」と脅すようなことが生じるかもしれない。

こういったことに対して、「まちがっている」と声をあげていく蓄積が、法を使う人々を、法とともに育て上げていく。誤った法の用い方を公共社会がチェックし、修正していく実践のつみ重ねのなかで法は発展する。またそのなかで学校の法化は磨き上げられていく。

『こども六法』は、歴史のなかの法の発展と同様、さまざまな問題を体験する読者との共同作業のなかで洗練発展させていくという使い方をすることができるだろう。

最後に一言、学校の法化に対して形勢逆転をもたらしかねない盲点を指摘したい。利害当事者である教育委員会や学校が弁護士を雇うタイプのスクールロイヤー制度はやめるべきである。それは子どもたちに全体主義を強要し、暴力をふるい、あるいは暴力を隠蔽したい側が雇う弁護士のようになりかねない。

寝屋川市は、教育委員会の外部に、学校のいじめなどを扱う監察課を設置した。このような部署で弁護士を雇うタイプのスクールロイヤー制度が望ましい。

第7章

『こども六法』は いじめ問題に何ができるのか

いじめと六法

『こども六法』の原点は、中学校時代に図書館で出会った六法全書《ろっぽうぜんしょ》にあります。

小学校でいじめ被害に遭《あ》っていた私は、いじめから逃《のが》れるために中学受験をしました。当初は学区外の中学校への進学を希望しましたが、教育委員会から認められなかったので、地元の子どもたちと同じ中学に通うことを避けるためには、受験と引っ越し以外の選択肢《せんたくし》はありませんでした。

私がいじめに遭っていた理由は今でも理解できません。多少変わったところはあったかもしれませんが、「ウザい」「キモい」「スカしている」などと悪口を言われ、心にも体にも傷を負いました。下校途中に脇道《わきみち》の畑に突き落とされて骨折《こっせつ》したこともあります。子ども心にもなんとか自分の行動を見直そうと努力してみましたが、いじめが改善することはありませんでした。あとで振り返ってみると、相手にしてみれば理由は何でもよくて、ただ誰かをいじめたいという欲求を満たしたかっただけなのでしょう。

『こども六法』は、当時の自分自身にプレゼントする本として、大学三年生のときに書きました。今いじめに苦しんでいる子どもの中にも、きっと当時の自分と同じような子どもがいて、この本が助けになるはずだ、とも思っていました。たった一人でもいいから、誰かの支えになりたいと考えていたのです。

結果的に、こんなにも多くの子どもたちに『こども六法』を支持してもらえたことは、嬉しいと同時に、いじめ問題の広がりがいかに深刻かということの証明でもあると、改めて実感しています。

憲法だけでは足りない理由

小学生の頃は、授業で習った日本国憲法が、私にとって法律のすべてでした。憲法の「基本的人権」という概念《がいねん》を知ったとき、即座《そくざ》に頭に浮かんだのは、**「自分の人権はいじめによって明らかに侵害されている」という確信**でした。そこで、人権を守る仕組みを日本国憲法はどのように定めているのかに興味をもち、憲法の条文を読んでみたのです。

日本国憲法は「すべての法律の生みの親」にもかかわらず、たった一〇三条しかありません。隅から隅まで読んだとしても一時間もあれば読めてしまいます。たとえば第一一条には「国民は、すべての基本的人権の享有《きょうゆう》を妨《さまた》げられない」と書いてありますし、第一三条には「すべて国民は、個人として尊重《そんちょう》される」とあります。すばらしい理念だということが今なら理解できますが、その頃の自分が知りたかったのは権利そのものではなく、侵害された権利の救済方法《きゅうさいほうほう》や、権利の侵害を予防するための具体的な仕組みだったので、たいそうがっかりしたのを覚えています。

当時の私に必要だったのは、「殴《なぐ》られたり蹴《け》られたり悪口を言われたりしたときに、とりあえず役に立つ法律」でした。「いじめた側に対するペナルティや、いじめられた側が助けてもらえる法律はないのか。だとしたら、小学校六年間で親・教師に言われ続けてきた、人を傷つけてはいけないという原則はウソであり、被害に遭《あ》っている自分が弱いことが悪いのか」、そんな自問自答《じもんじとう》を繰り返しながら、憲法のすべてを何度も読み返したのです。国の仕組みだの、平和主義だの、現実に侵害されている自分の権利が憲法では保障されていて云々《うんぬん》、などという理想論は自分には興味のないことでした。

小学生にとって憲法は、知ることのできる法律のすべてです。憲法以外の六法の名前や中身を教わることはありません。もちろん、憲法に書かれている理念はすばらしいものです。けれど、憲法が実現してきた世界に生まれ育った私にとって、平和や平等といった理想論はすでに空気のように「あって当たり前」でもありました。

にもかかわらず当時の私は、いつ殴《なぐ》られ、蹴《け》られ、罵《ののし》られ、ものを奪《うば》われ、壊《こわ》されるかわからないという生活を送っていました。自分の心身の安全も保障されない、学校という小さな弱肉強食《じゃくにくきょう》の社会の中で、平和も平等も実感できないでいたのです。

憲法に書かれている「あって当たり前」の権利、それが脅《おびや》かされているにもかかわらず、憲法は何一つ自分を守ってはくれない、そのことに強い憤《いきどお》りも抱《いだ》きました。当時の私が憲法を熟読《じゅくどく》した末に行きついた結論は「憲法なんて意味がない」でした。

のちに大学で法律を学び、民法や刑法といった、より生活に密着した法律を個別に知ったときにようやく、憲法の理念の価値や、憲法がどのように活かされているかを知ることができました。一方で、「最も大切なのは憲法だから」という理由から憲法を先に教える、または憲法だけしか教えないという従来の憲法教育の課程《かてい》では、むしろ私のように「憲法なんて意味がない」、「法律なんて役に立たない」という誤った認識《にんしき》を抱いてしまう子どもが多く生まれてしまうことに危機感を抱いたのです。

中学校に進学した私は図書館の片隅《かたすみ》で六法全書《ろっぽうぜんしょ》に出会いました。分厚いその本を初めて開いたときの衝撃《しょうげき》は今でも忘れません。その衝撃とは、「日本国憲法は法律のすべてではなかった」という驚《おどろ》きと、「日本にはこんなにたくさん法律があるんだ」という発見の喜びでした。日本には一九〇〇以上の法律があり、それ以外に数千の法令があります。六法全書に載《の》っている法律でさえ、実際にはほんの一部にすぎません。それでも当時の私は、きっとこの分厚《ぶあつ》い本のどこかに、いじめられていた自分を守ってくれるはずだった法律があるに違いない、と確信したのです。

親告罪ショック

こうしてせっせと図書館に通い、少しずつ六法全書を読み進めるうちに、私は目当ての法律と出会います。それが『こども六法』で最初に紹介した「刑法」でした。ニュースで日々接する、殺人、傷害、死刑、懲役《ちょうえき》、執行猶予《しっこうゆうよ》……といった犯罪にまつわる言葉のオンパレードです。「Aという罪を犯した者にはBという罰を与える」という記述が延々《えんえん》と続き、まるで犯罪と刑罰のカタログのようだと思いました。

いじめと深くかかわる条文はとくに真剣に読みました。原文をいくつか挙げてみます。

刑法

（傷害《しょうがい》）
第二〇四条　人の身体を傷害した者は、一五年以下の懲役《ちょうえき》又は五十万円以下の罰金《ばっきん》に処《しょ》する。
（暴行《ぼうこう》）
第二〇八条　暴行を加えた者が人を傷害するに至らなかったときは、二年以下の懲役若《も》しくは三十万円以下の罰金又は拘留《こうりゅう》若しくは科料《かりょう》に処する。
（強要《きょうよう》）
第二二三条第一項　生命、身体、自由、名誉《めいよ》若しくは財産に対し害を加える旨《むね》を告知して脅迫し、又は暴行を用いて、人に義務のないことを行わせ、又は権利の行使を妨害した者は、三年以下の懲役に処する。
（名誉毀損《めいよきそん》）
第二三〇条第一項　公然と事実を摘示《てきし》し、人の名誉を毀損した者は、その事実の有無《うむ》にかかわらず、三年以下の懲役若しくは禁錮《きんこ》又は五十万円以下の罰金に処する。
（侮辱《ぶじょく》）
第二三一条　事実を摘示しなくても、公然と人を侮辱した者は、拘留又は科料に処する。

いかがでしょうか。たしかに中学生には難解《なんかい》な単語もありますが、書いてあることはそれほど難しいわけではありません。読み進めるうちに、小学校で自分がされたことは犯罪だったと確信しました。思い出すだけで心が痛み、なぜあのとき誰も助けてくれなかったのだろうと恨《うら》めしい気持ちになったものです。

ところが、刑法第二三二条まで読み進めたところで、再び衝撃を受けます。第二三二条は親《しん》告罪《こくざい》の条文です。第二三〇条の名誉毀損罪《めいよきそんざい》と第二三一条の侮辱罪《ぶじょくざい》について「告訴《こくそ》がなければ公《こう》訴《そ》を提起《ていき》することができない」と書いてあったのです。

「ウザい」「キモい」「スカしている」など、私が小学生の頃に言われていた言葉は明らかに名誉毀損や侮辱にあたります。当時の私は毎日のようにひどい言葉を投げつけられていました。あれが犯罪なら、どうして警察が来て彼らを逮捕《たいほ》してくれなかったのだろうと思っていたのですが、その謎《なぞ》が解《と》けたのです。

つまり、**名誉毀損や侮辱の罪は、被害者からの告訴がなければ犯罪として捜査したり、起訴したりすることはできない**のです。「被害者の自分が加害者たちを訴えなかったから、彼らは罪に問われることがなかったのだ」ということを理解した私は、小学生当時の己《おのれ》の無知を悔やみました。現実には小学生が小学生を訴えても犯罪とはされないでしょうが、このときの衝撃と無念が、『こども六法』の原動力になりました。

余談ですが、親告罪が設定されている理由としては、刑事罰を与えるほどの重罪ではない、または裁判になった場合、犯罪事実が公になることで被害者のプライバシーが侵害されてしまう恐れがあるからだそうです。たしかに当事者同士が「バカ」や「アホ」のような応酬《おうしゅう》をコミュニケーションの一つとして受け入れている場合もありえますし、加害者が取り締まりを受けることで明るみに出てしまう事実が、かえって被害者の不利益になる場合もありえます。

親告罪はこういった事態にも備えて、起訴できる事件として扱うか否かを被害者に委ねているのです。以前は強制わいせつ（刑法第一七六条）や強制性交（刑法第一七七条）も親告罪でしたが、二〇一七年七月に性犯罪が厳罰化《げんばつか》されるにあたって、親告罪ではなくなりました。これは、親告罪であることによって、むしろ被害者の泣き寝入りを招いているという批判が高まった結果、実現したものです。

誰でも読める法律書を

私が「法教育」の理念と活動を知ったのは大学に入学してからです。大学に入って以降、漠然《ばくぜん》と「いじめ問題」の研究をしたいと考えていた私の経験と視点に、法教育はぴたりと合致しました。法教育の中にいじめ問題の視点を加え、その取り組みが普及《ふきゅう》していけば、かつての自分と同じ悩みを抱えている子どもたちの助けになるのではないか、という動機が「法教育を通じたいじめ問題解決」という研究テーマにつながったのです。

法教育を広めるために、まず子どもたちに法律の存在を知ってもらおうと思ったのですが、そのときに気づいたのが「子どもでも読めるような法律の本がない」ということでした。法律の文章は法学部の学生が読んでもわかりにくい独特の言い回しが多いこともあって、子ども向けにしようとは誰も考えなかったのでしょう。

けれど私は、小学生であっても、法律に興味があって、憲法以外にどんな法律があるのか知りたい、と思う子どもはいるはずだと考えました。少なくとも自分はそうでしたし、なにより法律は日本に暮らすすべての人のためにあるものだからです。

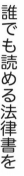

「天《てん》は自《みずか》ら助《たす》くる者《もの》を助《たす》く」という英語のことわざをご存じでしょうか。「自分から努力しない者には運は回ってこない」というちょっと厳しめな意味がこめられていることわざです。法律の世界でも「法は自ら助くる者を助く」というドイツのことわざがよく知られています。こちらはさらに厳しい内容で、「法律を知らず、権利を主張しない人間を法律は助けない」という意味です。

子どもであっても、犯罪に遭う可能性はつねにあります。もしかしたらすでに被害に遭っているかもしれません。それなのに、**法律を知らなければ、自分が被害に遭っていることすら気づかない可能性がある**のです。性犯罪が親告罪でなくなったのも、被害者がなにかの事情で訴えられない場合には、法律を知っている人が代わりに被害者を救えるようにしようという機運《きうん》が高まったためです。

- **被害に遭って一人で苦しむ子どもを救うためには、一人でも多くの人に法律の知識があったほうがいいのではないか？**
- **そうすれば、子ども自身がＳＯＳを出す勇気を出したときに、救いの手を伸ばせる人も増えていくのではないか？**
- **大人も子どもも、法律を知れば、自分の権利を正当に主張できるようになるのではないか？**
- **法律を真に「みんなのためのもの」にするためには、まずは最低限の法律の知識が必要**

なのではないか?

●そのために何をすればいいだろうか?

このような数々の仮説《かせつ》と問いを立てる中で、解決策の一つとして思いついたのが『こども六法』だったのです。

『こども六法』が提唱するいじめ防止対策

どんな理由があったとしても、いじめを正当化することはできません。私も自分がいじめられる理由がわからずに苦しみました。たしかに他の子どもに比べて変わったところはあったのだと思いますが、本当にそれが原因だったのか、相手にとって理由は何でもよかったのか、今でも謎のままです。

このようないじめの動機《どうき》や被害の深刻化に向けたメカニズムを説明した理論の中で、自分の経験に照らしてしっくり来たのは、いじめ研究の世界では著名な内藤朝雄先生の理論でした。

内藤先生の理論は『いじめの社会理論――その生態学的秩序の生成と解体』（柏書房、二〇〇一年）という書籍《しょせき》が詳しいですが、専門書ですので、興味をお持ちの方には『〝いじめ学〟の時代』（柏書房、二〇〇七年）をお勧《すす》めします。

内藤先生は、いじめが深刻化する原因として学校の特殊な閉鎖性《へいさせい》を挙げています。そしてその解決策として、短期的には法制度などの市民社会の論理を学校に導入することで際限《さいげん》のない人権侵害の連鎖《れんさ》を止めること、長期的には学級制度を解体して閉鎖性《へいさせい》そのものを解消することを主張されています。

『こども六法』の生みの親となった「こども六法プロジェクト」が目指していたのは、このうちの短期的解決策に対するアプローチです。「こども六法プロジェクト」とは、二〇一四年、大学三年生の頃に私が立ち上げたプロジェクトです。『こども六法』の原型もこのときに作成しました。

法制度に代表される市民社会の論理が学校にも導入されれば、学校内で当たり前のように行われている、暴力や略奪《りゃくだつ》を通じた人権侵害（いじめ）が反復されるようなケースは減少するはずです。いじめは人間関係のある所には必ず発生してしまうものであり、発生自体を根絶《こんぜつ》することは不可能です。けれど、努力によっては、少なくとも犯罪に相当するレベルまで深刻化することは防ぐことができると考えたのです。これが、『こども六法』の理論上の枠組《わくぐ》みと射程《しゃてい》でした。

『こども六法』の目的は、「子どもの逃げ道を増やし、大人の逃げ道を塞《ふさ》ぐ」ことにあります。

法律を知れば子どもは助けを求めやすくなりますし、助けを求める対象も増えます。一方の大人は、法律を根拠に助けを求められた場合、知らんふりや責任逃れをしにくくなるでしょう。この二つを実現することが、『こども六法』の軸《じく》となる目的でした。

そこで、大人の方々にぜひ知っておいてほしいことがあります。子どもにとって、自分が受けているいじめや虐待《ぎゃくたい》からの助けを求めようという決心をすることは、たいへん勇気のいることです。勇気を出して最初に相談するのは、子どもが最も信頼する大人である親か教師がほとんどです。そこで適切な支援を得られるかどうかが、子どもにとってはほぼすべてなのです。ですから、**もし子どもが悩みを相談してきたら、どんなに忙しくても、どんなに話が荒唐無稽《こうとうむけい》であっても、どうかちゃんと聞いてあげてください。**

いいかげんにあしらってしまったり、子どもの話を信じてあげなかったりすれば、もうその子は大人に自分の悩みを相談することができなくなります。そして、話を聞いて少しでも問題があると思った場合、または自分の手には余ると感じた場合は、**遠慮《えんりょ》せずに外部の相談機関にも相談してください。**

もう一つ、ぜひ子どもに伝えていただきたいことがあります。もし最初に相談した大人が親身になってくれなかった場合は、**あきらめずに違う大人にも相談してほしい**ということです。

親がダメでも、先生がダメでも、子どもにはあきらめないでほしいのです。もちろん本来は一人目の大人が動いてくれることが理想ですが、それが叶《かな》わなかったとしても、助けてくれる大人は必ずいます。「親も教師も対応してくれなかった。もう相談する先がない」と絶望する前に、インターネットで検索すれば適切な相談先がきっと見つかります。そうすれば相談員や弁護士などが力になってくれます。これが**「こどもの逃げ道を増やす」**ということです。

子どもたちにはさらに、**頑張って証拠を揃えて、救済《きゅうさい》を求める方法もある**と伝えてあげてください。

証拠はなんでもかまいません。日記でもメモでも音声でも写真でも、自分の集めやすい方法で、できるだけ具体的に「いつ、どんなことがあったか、自分はどう感じたか」を残しておきます。いじめであれば、壊《こわ》された持ち物や落書きをされたノート、蹴《け》られてついた足跡《あしあと》などをそのまま、もしくは写真に撮《と》って残しておくのです。

こうした証拠を見せれば、大人はいじめ問題の解決に向けて動きやすくなります。なかなか動いてくれない大人を、動かざるをえない状況にすることもできるかもしれません。

もちろん、これは本来、子どもがやるべきことではありません。被害にあっている子どもは「何もしなくてもちゃんと救われる」べきです。

ただ、残念ながら今はまだ、大人が子どもを救う機能が十分に働いていません。そんな中で人知れず悩んでいる子どもたちを救うためにはどうしたらいいのか、と思案《しあん》した末に導き出した妥協的《だきょうてき》な方法が、**子どもに証拠をそろえさせることで「大人の逃げ道を塞ぐ」というアイディア**でした。お世辞《せじ》にもいいアイディアとは言えません。大人が情《なさ》けないから、仕方なく子どもに伝えるアイディアです。

当然、この取り組みには限界もあります。いじめに該当《がいとう》する現象《げんしょう》は幅広く、法律ですべてをカバーすることはできません。たとえば、集団で無視する、仲間外れにする、挨拶《あいさつ》を返さない、といった行動は証拠を残しにくく、犯罪にも該当しません。

また、出版後に多くの方が『こども六法』はいじめる側にとっての抑止力《よくしりょく》になる」という評価を寄せてくださいましたが、残念ながらその可能性は低いと私は考えています。

いじめ加害者には自分のしていることが悪いことであるという認識《にんしき》がありません。多くのいじめ行為はふざけの延長、あるいは集団のノリを守るための行動です。場合によっては「礼儀《れいぎ》を教えてやっている」、「みんなに溶《と》け込《こ》めるように誘《さそ》っているだけ」という正義感すら伴《ともな》っています。

ですから、たとえ子どもが『こども六法』を読んで「いじめは犯罪だ」と知っていたとしても、その知識自体は、いじめの抑止力にはなりにくいのです。『こども六法』は被害者を救済する一つの方法にはなりますが、いじめの発生自体を食い止める効果はあまり期待できません。この点が『こども六法』の限界であり、今後の課題でもあります。

それでも『こども六法』にできることは小さくはありません。いじめ被害に遭っている子どもにとって、手に取ることのできる選択肢は一つでも多い方がいいのです。

今現在いじめに苦しんでいる子どもにとってはもちろんですが、今はいじめに遭っていない子どもも、今はいじめていることに気づいていない子どもも、いつか必要になるときが来るかもしれません。そのときのために、いつでも手の届くところに『こども六法』があることが重要なのです。

社会の攻略本を目指して

『こども六法』の反響《はんきょう》として、「わかりやすい」という声と同じくらい、「子ども向けの本だと思っていたけれど結構難しい」、「大学生が法学入門として使えるくらい本格的」という声をお寄せいただきました。お子さんの反応についても「小学校高学年では難しすぎるのではないか」という声から「うちの子は五歳ですが食い入るように読んでいます」という声まで、両極端《りょうきょくたん》なフィードバックが寄せられています。

『こども六法』はもともと、いじめに遭っていた当時の私自身にプレゼントするつもりで書いた本です。書いているうちに、今、いじめに苦しんでいて、この本を必要としている子どもがきっといるに違いないと確信するようになり、一人でも多くの子どもにアプローチするためにも、紙の本として出版しなければならないと考えるようになりました。

『こども六法』がいじめに悩む子どもにとっての選択肢《せんたくし》の一つであるためには、どうしても妥協《だきょう》できない点がありました。それは、「六法《ろっぽう》の翻訳書《ほんやくしょ》」というスタンスを守ることです。六法は先《せん》人《じん》の知恵《ちえ》の結晶《けっしょう》ともいえる法律の体系です。それを翻訳するというのはとても畏《おそ》れ多い作業です。間違った解釈をしないことはもちろん、できるだけ余計な説明を入れないこと、各条文で最低限押さえるべきポイントを押さえることが重要でした。

当たり前のことですが、法律はいじめ問題を解決するためだけにあるわけではありません。いじめの被害者が暴行罪《ぼうこうざい》や名誉毀損罪《めいよきそんざい》といった刑法の条文を読むと、たしかに「いじめは犯罪！」と考えてしまいます。けれど、そこだけを知っていても、法律を自分の味方にするには十分ではありません。

刑事訴訟法《けいじそしょうほう》から学び取れるバランス感覚も当然必要になりますし、少年法も単なる「罪が軽くなる法律」としてではなく、正しくその目的と意義《いぎ》を理解しなければいけません。受けた被害に応じて賠償金《ばいしょうきん》を求めたり、日常的なトラブルを防いだり解決したりするには、民法や民事訴《みんじそ》訟法《しょうほう》の知識が役立ちます。学校にしかるべき対応を要求するには、いじめ防止対策推進法《ぼうしたいさくすいしんほう》も知っていて損はありません。そしてもちろん、すべての法律の基礎《きそ》となる日本国憲法は必須です。

『こども六法』は、いじめに悩む子どもが自らその問題を解決するために、「法律」という大人のツールを用いることができるようにする本です。切実な悩みを抱える子どもにとって、『こども六法』が大人に通用しない、表面的な子どもだましでは意味がありません。大人でも唸《うな》るような本格的な質を維持《いじ》したうえで、大人が率先《そっせん》して子どもに渡してくれる本に仕上げる必要があったのです。

一見、子どもには必要なさそうな難しい条文も、法律を理解するうえで欠かせない知識であれば掲載《けいさい》しているのもそのためです。また、可能な限り原文《げんぶん》に当たってほしいと考え、条文の並び替えも避《さ》けています。

昨今は子どもたちが本を読まなくなり、読解力《どっかいりょく》が低下しているという話を聞きます。それは一面では事実なのかもしれませんが、だからといって子どもたちの理解力を侮《あなど》ることはできないというのが私の考えです。小学六年生で日本国憲法、中学一年生で六法全書を読みふけっていた私は、小学校高学年以上であれば法律の原文でも読むことができるという確信がありました。

たとえば、二〇二〇年上半期、書籍売り上げトップを独走《どくそう》していた本があります。ニンテンドーのゲーム用ソフト「あつまれ、どうぶつの森」の攻略本《こうりゃくぼん》です。攻略本はテレビゲームが好きな子どもたちの愛読書ですが、イラストこそ多いものの、文章量・情報量は膨大《ぼうだい》です。もちろん最初から最後まで通読することは少ないでしょうが、子どもはこうした「辞書のような本」であっても、興味関心さえあれば飽きずに読むことができます。鉄道好きな子どもは時刻表や大人向けの鉄道雑誌を読み込みますし、動物や恐竜が好きな子どもは図鑑《ずかん》を飽きることなく読みふけります。

また、子どもたちが夢中になって遊んでいるトレーディングカードゲームをご覧になったことはあるでしょうか。カードに書かれている効果や能力は、大人が読んでも難解《なんかい》です。漢字も難しいですし、カードの効果や能力の説明を理解するにはかなりの読解力が必要です。それでも子どもたちは好奇心《こうきしん》さえあれば、難度《なんど》の高い文章を読み、理解することができるのです。重要なのはその好奇心をいかに刺激《しげき》してあげるかということです。

『こども六法』は「法律を誰でも読めるようにする」本を目指してはいますが、内容を理解するのに必要なのは文章を平易《へいい》にすることではなく、子どもたちの好奇心と集中力を喚起《かんき》することだと考えていました。だからこそ、文章をむやみに簡単にするのではなく、子どもたちが興味をもって読んでくれるように工夫を凝《こ》らすことに注力したのです。これが、『こども六法』の根底《こんてい》に流れる、子どもと向き合う哲学《てつがく》です。

読まない子どもを責めないで

『こども六法』がいじめ問題解決への可能性をもっていると認めてくださった方々が、お子さんや学校のためにと購入してくださったことはたいへんありがたいことです。ですが、与えられた本を読むか読まないかは子どもの自由です。つまり、『こども六法』を選択肢として選ばない子どもも当然いていいと私は思っています。

だからといって、**『こども六法』を読まない、活用しないことを理由に、私たちがその子を見捨てることは、絶対にあってはいけません。**その子にはたまたま『こども六法』が合わなかった、もしくは違う選択肢が必要だった、というだけで、その子が自ら助からない選択をしているわけではないのです。

「自己責任」という言葉を昨今《さっこん》はよく耳にしますが、いじめの現場でも、「被害者にも原因がある」という言い分は珍《めずら》しくありません。「いじめられている側も空気を読まない」、「悪いところを注意しても直そうとしない」など、被害者にも責任があるという理屈ですが、これは加害者側の言い訳にすぎません。一人の被害者に対して、複数の加害者が自分たちの正当性を声高《こわだか》に主張すると、なんとなく説得力があるような気がしてしまうかもしれませんが、だからこそ気を付ける必要があります。

ニュースでよく見かける犯罪を例に考えてみましょう。どんな理由があったとしても殺人は殺人で、傷害は傷害です。ムカついたから殴った、殺した、という事件は実際に起きているわけですが、その「ムカついた」原因が被害者側にあったとしたら、加害者は免罪《めんざい》されるでしょうか。

たしかに場合によっては情状《じょうじょう》が認められて刑が軽くなるケースはありますが、無罪《むざい》となるケースはまずありません。それは、「相手がムカつくことをした」という原因に対する反応として「殴る」「殺す」といった違法《いほう》な行為を、加害者が自らの意思で選択しているからです。被害者にも責任の一端《いったん》があれば、それはそれとして責任を問わなければいけませんが、だからといって報復《ほうふく》をしていい、暴力をふるっていい、ということにはなりません。

いじめはどんな理由があっても選んではいけない選択肢です。被害者がどんな原因を作ったかということとは切り離して考えなければいけません。これはすべてのいじめ問題に共通する前提として共有してほしいと思います。

そして、『こども六法』を通じて「被害者に救済を求める力をもってもらおう」という風潮《ふうちょう》を高めていくことは、こうした被害者責任論と隣《とな》り合わせだということに注意しておかなければいけません。『こども六法』は「ちゃんと本に書いてあるのにSOSを出さない方が悪い」、「どうして助けを求めなかったんだ」と被害者を責めるような使い方が容易《ようい》にできてしまうからです。『こども六法』を読ませて、「困ったときには大人に助けを求めよう」というメッセージを伝えたからといって、それだけでは安心できません。たかが本一冊で、大人に助けを求められない子どもがすべて救えるわけではないのです。

いじめや虐待《ぎゃくたい》で悩んでいる子どもの多くは、大人に助けを求めることができないままでいます。そういう子どもたちがどうやったら助けを求められるようになるか、またはどうやったら私たちの側から気づいて声をかけてあげることができるかということは、『こども六法』の普及《ふきゅう》とは別に考え続けなければいけません。それが大人の責任です。

いじめ問題の解決に近道はない

『こども六法』がいじめ問題をすべて解決してくれるわけではない、と言ってしまうと、この本を評価してくださったあなたはガッカリするでしょうか。でも、世の中のたいていの問題は非常に複雑《ふくざつ》で、たった一つの解決策ですべてがたちまちに解決することなど、まずありません。もしそういう解決策が提示されていたら、逆に詐欺《さぎ》を疑ってください。

私は横着《おうちゃく》な人間ではありますが、いじめ解決に近道がないことは知っています。だからこそ『こども六法』の次にこの本を書き、法教育の重要性を訴えることにしたのです。

一人ひとりの主張や論理の衝突《しょうとつ》、複雑な関係を調整する思考力といった「人間関係で生じる面倒を乗り越える力」こそが、法教育を通じて学ぶべきマインドです。ここで言うマインドとは、「わからないことを断言《だんげん》しない、自分こそが正しいと思いこまない」心がけであり、「自分の意見を聞いてもらうためには、相手の主張にきちんと耳を傾けることが必要だ」という原則への理解であり、「相手の主張や、メディア、インターネットから得られる情報については鵜呑《うの》みにするのではなく、すべて疑ってかかるわけでもなく、証拠の存否《そんぴ》と論理性を見きわめて、慎重《しんちょう》に真偽《しんぎ》を検討する」という習慣です。こうしたマインドは法律とは関係ないシーンでも応用できる気がしてきませんか？

そして、このようなマインドを明文化し、仕組みとして運用しているものが法律です。法律の知識に触れるということは、難しい文章を暗記することではなく、このマインドに触れることにほかなりません。

法律の知識を正しく身につけようと思ったら、機械的に丸暗記するのではなく、知識の背景にあるマインドを習得する方が実は手っ取り早く、本質的なのです。

もしお子さんが『こども六法』を通じて法律に興味をもってくれたなら、ぜひ一緒に法律の原文を読んでみることをお勧《すす》めします。そして、「なんでこんな当たり前のことをわざわざ回りくどい文章で書くんだろう？」、「なんでこんな面倒くさい言い回しをするんだろう？」と、法律の異世界感《いせかいかん》を、思わず笑ってしまうネタとして楽しんでください。その疑問と興味こそが、子どもたちが法的な素養《そよう》を身につける種になります。

『こども六法』の究極の目的は、法律のマインドに親しんでもらい、法律を味方につけるための土台を築いてもらうことにあるのです。そしてこの遠回りこそが、いじめ問題を一歩ずつマシにしていく道のりであると信じています。

子どもと学ぶ

NPO法人ジェントルハートプロジェクト理事　小森美登里

私は1998年に一人娘をいじめ自殺で失い、その後いじめ予防に特化したNPOを立ち上げました。2020年7月に講演回数は1500回を超えました。

『こども六法』によって、いじめ加害者は自身の行為が法に触れるという事実を知り、被害者も法律によって自分は守られているということを知るきっかけとなるでしょう。

それぞれにいじめに対する認識の変化が生まれたとき、この問題を考える大きなきっかけが生まれると思います。しかし危惧するのは、指導する側がこの本を加害者指導にどのように利用するかという点です。

指導する側が加害者の心へ何を投げかけるかについて、ある先生の「この本があれば指導しやすい」という一言から不安が生じました。残念ながら、指導という名の下「これはいじめである」と説得し反省を促すという流れになりがちのようです。

それが指導であれば、いじめ発生前にいじめ行為一覧を作り、「いじめの種類」を子どもたちと共有しておけば良いことになってしまいます。気付かず結果的に友だちを傷付けていた子どもと、相手が傷を負っていると承知してやっていた子どもの指導は違います。ただ単に加害行為のみを指導することは「いじめは犯罪だからしてはいけない」と教えることに繋がりかねず『こども六法』がそのための教科書になってはなりません。

また、「これはいじめ？ いじめではない？」という論争もありますが、これは被害者本人がどう感じたかが基本ですので、まずはいじめが発生したという形で対応すべきです。この論争に『こども六法』を利用するのは危険と感じます。一人ひとりが法によって守られていることを加害者・被害者お互いが確認し、大人と子どもが一緒に心と命を考える機会として『こども六法』を利用できないでしょうか。

教室にはいじめによって傷付いている子どもと、ストレスのはけ口、または誰かに命令されて仕方なくいじめをしている子どもがいます。加害者の背景を推測することは簡単ではありませんが、被害者の「あの子のいじめを止めて！」という想いに応えたいと思います。

『こども六法』は大人と子どもが一緒に考える場を生み出し、幸せに生きる権利の存在に気付くきっかけになると私は確信しています。

第8章

なぜ人のせいにする大人に育つのか

あなたには「責任を取る力」がありますか？

「大人」と「子ども」を分けるものは何でしょうか。

働いていること、自立していること、選挙に行けることなど、いろいろな答えがあると思います。

いちばんわかりやすいのは「20歳」という年齢《ねんれい》による区切りでしょう。

成人式でおなじみのこの規定は、民法という法律が根拠《こんきょ》となっています。

民法

　第四条　年齢二十歳をもって、成年とする。

実はこの年齢は2022年の民法改正で18歳に引き下げられることが決まっています。そのため、成人の常識も少しずつ「18歳以上」に移っていくことになるでしょう。

法律的には「成年」と言いますが、成年になることで、自らの意思だけで自由に契約《けいやく》を結ぶことができるようになります。そして、これと同時に契約に対する「責任」も負うようになるのです。

刑法においては「責任を取る能力」があると考えられる年齢は、なんと14歳です。そして、14歳未満の人はこの能力がないことから、刑罰《けいばつ》を与えないことになっています。

　このように、法律では「責任を取る能力があると考えられるようになる年齢」が一律《いちりつ》で決まっています。年齢で一律に決まっているということは、裏を返せば「この年齢になれば責任取れるでしょ?」と想定されているということでもあります。この「責任を負う能力」の有無は「大人かどうか」を判別する指標としてはあまり一般的ではありませんが、私は人間の成熟《せいじゅく》を計る重要な指標になると考えています。しかし現実には、いくつになっても自分の人生に責任を持てない大人も少なくありません。

　それではそもそも、「責任を取る能力」とはいったい何でしょうか。

　刑法における「責任を取る能力」は、難しい言葉で「事理弁識能力《じりべんしきのうりょく》」といわれます。これは、「自分が行っている行動がどういうことであり、どういう結果をもたらすかということを理解する能力」という意味です。

　この意味をふまえて、ここでは「責任を取る能力」をシンプルに、「自分の行動を理解し、選択する力」としておきましょう。

　でも、この説明を意外に感じる方もいるでしょう。

「責任というのは何かが起こった後で問題になることだから、選択ではなく結果に対して負うものではないか?」

そんなことを考えたかもしれません。

では、企業の不祥事《ふしょうじ》を例にして考えてみましょう。

義務と責任

ある企業の倉庫で、備蓄《びちく》していた可燃性《かねんせい》の資材に、電気系統のショートで発生した火花が引火し、大爆発《だいばくはつ》が起きたと仮定しましょう。

この大爆発が近隣住民《きんりんじゅうみん》の家屋《かおく》や電線、道路などの損傷《そんしょう》を引き起こし、さまざまな被害が生じたとします。そしてこの事故の「責任」を取って社長が辞任したとします。

この場合の「責任」とは一体何でしょうか。

「事故が起きたので引責辞任《いんせきじにん》」は、実はそれほど多いケースではありません。なぜなら、防ぎようのない事故というのはどうしても起きるものだからです。

しかし、定期的な電気系統の点検を怠《おこた》っていたとか、火災を想定した消防設備が不十分だったとか、事故を防ぐための在庫管理ができていなかったなど、事故防止のための十分な対策を怠っていたとしたら、その責任が問われることになるでしょう。

ここで非難の対象となるのは、「結果的に事故が起きてしまったこと」自体ではなく、「事故を防ぐ対策ができたのに、対策をしないという選択をした」という点なのです。

こうした選択ミスをさせないために、法律は、事故防止のための選択を個人の判断に委ねず、「義務」としている場合もあります。

たとえば、「消火器《しょうかき》と火災報知機《かさいほうちき》を必ず設置する」、「火元をチェックする責任者を決めておく」などの義務です。

このように安全対策を義務化しておくことで、安全管理者がさまざまな対策の効果性などを検証する必要もなく、手っ取り早く安全を実現することができます。もっと言うと、このような義務化には、安全管理者の責任を限定しておく効果もあるのです。

責任を限定しておく効果とはつまり、安全管理者の義務を決めておくことで、たとえ事故が起きたとしても、義務付けられている安全管理さえ行っていれば、「やることやってたから許して」と言えるということです。

このように言うと「そんな無責任な」と思うかもしれませんが、ニュースになるような大事故はたいてい義務を怠ったがために発生しているので、法律で決められた義務というのは侮《あなど》れないのです。

逆に、法律で決められていた義務を果たしていたのに、「事故を防ぐためにあれもできた、これもできた」と後出《あとだ》しじゃんけんで追及されるようなことがあれば、誰も責任ある地位に就《つ》こうとはしなくなりますし、それこそ「交通事故を防ぐために自動車を禁止する」というような極端な対策に行きつくしかなくなってしまいます。「法律で禁止されていること以外は何をやっても自由」という罪刑法定主義《ざいけいほうていしゅぎ》の考え方にも通じますね。

このように、何かをしなければならない「義務」は、悲惨《ひさん》な事故を防ぐための最低限として定め、それによって事故を防ぎながら責任者の負うべき責任を明確化・限定する機能があるのです。

一方で、人生においてはこのような「義務」としてではないけれども責任を負わなければならないシーンが多く出てきます。

誰とどんな約束をするかを決める責任、その約束を守る責任。これは民法における「債務《さいむ》」を果たす責任です。これはある意味「やってはいけないことをやらない」、「やるべきことをやる」という選択と責任を求められる刑法よりも幅広い判断を求められますから、このように考えると「責任を取る能力」が認められる年齢が刑法よりも民法の方が高いのもうなずけます。

一方で、刑法と民法の範囲を度外視《どがいし》すれば、たとえば私たちの進学先や就職先などのライフキャリア、友人関係やパートナーの選択、欲しいものを買うべきか否《いな》かなど、個人的な「選択」を迫られる場面はさらに多くなります。

たとえ義務がなくても、私たちは人生を生きていく中で日々数えきれないほどの選択をし、責任を負っていかなければならないのです。

選択と責任

話がそれましたが、ここで重要なのは、**「責任とは選択に対して負うものだ」**という点です。

こうして考えると、たとえば殺人罪《さつじんざい》に対する刑罰は、「相手が死んだ」という結果を非難するためのものではありません。「相手を殺さないという選択ができたのに、あえて相手を殺すという選択をした」ことを非難するための刑罰なのです。

私は、小中学生に対する講演会や出張授業の導入として、この議論を説明しています。そして、「自分の人生に、自分で責任を負える大人になろう」という話をします。

人生は選択の連続です。法律は、どの選択肢《せんたくし》が人生にとって望ましいかのヒントを示していると考えることもできるでしょう。

大人でも、何かを選択して失敗したとき、他人のせいにすることがあります。「アドバイスどおりにやったのに失敗してしまった」、「本当は違う方法でやりたかったのに」というように。

こうなってしまう大人は、子ども時代に親の教育・躾《しつけ》の中で「選択する機会」を奪《うば》われてきたとも考えられます。「勉強しなさい」という何気《なにげ》ない言いつけ一つでも、無理やり受験勉強に向かわせて進路を決めつけるような指導をしていると、「言われた通りにやればいい」という価値観に凝《こ》り固まっていきます。犯罪はしなくなるかもしれませんが、他人の指示なくしては自ら人生の選択をすることもできなくなります。

あなたのお子さんは、いや、あなた自身はいかがでしょうか。**自分の人生、自分の選択に、責任を負うという意味での「責任能力」**があるでしょうか。

心神喪失《しんしんそうしつ》のような特殊《とくしゅ》な事情がないかぎり、14歳になったら刑法上の責任能力があるものとされ、大人と同じ刑罰を受ける可能性があります。民法上でも２０２２年４月になったら18歳で自由に契約を結ぶことができるようになります。

14歳というと中学生ですから、多くの子どもにとってもさほど遠い話ではありません。すくなくとも「犯罪になるとわかっているけれど、その行為をするべきか」という場面に直面したときに、**自らの責任において「犯罪をしない」という選択をできる力は、14歳までに身につけておかないといけない**のです。

この力は、その四年後、18歳になったときには、約束（契約）を守り、債務を果たす力につながっていきます。そしてさらには、将来にわたって自分の人生を選択し、責任を負える力になるのです。

自分の選択に責任を持てる大人になること、それこそが人生を自分のものとして生きる基礎であることは、言うまでもないでしょう。大人が子どもに教えてあげられることのゴールと言っても過言ではありません。法教育に携わる者としては、ぜひ法律をツールとして子どもたちにその力を身につけてほしいと願っています。

なぜ指示待ちの大人が増えてしまうのか

では、大人は子どもに対してどのような責任があるのでしょうか。

この本を読んでいるあなたは、きっと子どもの教育にも関心が高いはずです。子どもに暴力をふるったり、暴言《ぼうげん》を吐《は》いたり、育児放棄《いくじほうき》をしたり、といった虐待《ぎゃくたい》をするような方はいないと思います。

むしろ、お子さんをとても大切にしていて、いじめのようなトラブルに遭《あ》ってほしくないとさまざまに配慮《はいりょ》されているのではないでしょうか。

では、もしあなたが、この本で知ったことをお子さんに伝えたいと思ったとき、どのように伝えますか？

「ねえ、14歳になったら、悪いことをすれば大人と同じ罰《ばつ》を受けるんだって！」

いきなりそんなことを言われても、たいていの子どもは、「ふーん」と興味なさそうに返事をするのがオチでしょう。

「ちょっと！ ちゃんと聞いてるの？ あなたが14歳になったらもう助けてあげられないんだからね！」

そう言われて、「はい、わかりました」と答えるお子さんがいるとしたら、むしろその方が心配です。

親は自分の子どもに、素直にアドバイスに従ってほしいと願っているものだと思います。実際、あらゆるアドバイスや指示は子どもの幸福を願っているからこそ、口にしているのでしょう（私はまだ親になっていないので、想像で語っています）。それでうまくいくのであれば問題はありません。

実際のところ、親の思惑《おもわく》どおりのキャリアをたどり、問題なく大人になるケースもあります。それは、子どもが自ら望んでそのライフコースを選択している場合です。その場合は、自ら選択した進路がたまたま親の願う進路と合致《がっち》したというだけです。自ら選択した人生ですから、その結果にも自ら責任を負う準備ができています。

一方で、親の希望をしぶしぶ引き受けた子どももいます。こうした子どもは、自分の人生に自分で責任を負うことができなくなります。

自分の人生の選択は、自分の意思ではなく、他人の意思によって左右されるものなのだと認識してしまった子どもは、自分には選択する能力がないと思い込むようになります。たとえそうだとしても自らの選択の責任は自らが負わなければならないのですが、自分で選んだという自覚がない子どもには責任感が育ちません。そのため、受け入れたくない結果が出たときは、「親のアドバイスどおりにやっただけ」と人のせいにするようになります。

社会人になりたての若者に対して「指示待ち人間が多い」という非難がされることがありますが、この問題もまさに同じです。彼らは指示にない行動を選択する能力が身についていないのです。

このような人は上司の指示したとおりにしか動けませんし、指示に誤《あやま》りや不備があっても自主的に修正するとか、指示の意図《いと》を汲み取《と》って上司の望む結果を実現しようと主体的に動いたりするようなことはしません。言われたとおりにしかやらないからこそ、失敗しても「指示が誤っていたから」と責任転嫁《せきにんてんか》するのです。

だからといって、上司、つまり権力のある側の人間が、この論理で部下を非難することはあってはいけません。それはパワハラにつながる「強者の論理」であり、新入社員の責任転嫁より格《かく》段《だん》に不適切です。

そもそも、「指示が誤っていても指示通りに実行する」は、自らの責任を回避《かいひ》する上では実に合理的な選択です。新入社員に限った話ではなく、縦《たて》割《わ》り組織でもしばしば発生する問題ではないでしょうか。

選択と責任というセットを親に奪《うば》われたまま大人になった子どもは、責任を負う能力がないまま、責任を負う立場になります。指示待ち人間のまま仕事をし、失敗しても上司に責任転嫁では、当然サクッと会社をクビになったり、いつまでも出世できなかったりします。

もちろん「徹底的《てっていてき》に指示を守れる人」として信頼を積み上げていける場合もありますからそ

うなれば素晴らしいですが、多くの場合、突然責任ある立場を任されてしまうとパニックになってしまいます。

　すると次なる矛先《ほこさき》は育ての親です。「親の言うとおりに進学し、親の言うとおりに就職したのに、こんな目に遭った」と主張し始めるわけです。こうなったときに、あなたはわが子の人生に責任を取れるでしょうか。

　もちろん、子どもの人生に対して親が全責任を負う必要はありません。実際のところ、そんなことは不可能です。とっくに成人した大の大人が犯罪の加害者になったニュースで、高齢《こうれい》の両親がわざわざ謝罪《しゃざい》をしていたりしますが、それすら私にとっては違和感《いわかん》があります。

　親子といえども別の人間で、それぞれに別々の人生があります。親が子に対して責任を負うべきは、子どもの人生ではなく、成長なのではないでしょうか。

　つまり親の責任とは、子どもが自分の人生に責任を持って一人で生きていけるように育てる責任であって、いつまでも子どもの一挙手一投足《いっきょしゅいっとうそく》に目を光らせる責任ではないと私は考えます。

夢をかなえるために必要な「責任を取る力」

本章の冒頭《ぼうとう》で述べたとおり、責任とは選択に対して負うものです。

子どもの全人生におけるあらゆる選択に親が影響力を及ぼしていては、子どもは自ら何かを選択する必要がなくなり、ひいては能力もなくなります。

自分で自分の人生を選択できないということは、自分だけでは生きていけないということです。過保護はわが子のためのようでいて、実際は子どもの将来を潰《つぶ》してしまう子育てなのです。

親は基本的に子どもより先に死んでいきます。親なくして生きていけない子もやがては親を亡《な》くすのです。だからこそ、子どもには親が不在となっても生き抜く力を身につけさせることが親の務めではないでしょうか。

自分で生き抜く力は、学力や財力、体力だけでは不十分です。**社会の先行きが不透明なこれからの時代には、意思の力や判断力こそが武器になります。**

具体的に言えば、人生における重要なイベント、感情のコントロール、人間関係、その他さまざまな選択を自らの意思で行う力と、その選択に対して自ら責任を取る力です。

では、どうすればこのような能力を身につけさせることができるのでしょうか。

そのためには、**つねに子ども自身に最終的な選択を委《ゆだ》ね、責任を自覚させる**ことがひとつの答えになるでしょう。

「勉強しろ」と指示するのではなく、「勉強した方がいいよ」とアドバイスを送ります。それでも「勉強しない」ことを本人が選択するのであれば、その選択を認め、もしそれが原因で成績が落ちたなら、「その成績で将来の自己実現に悪影響はないか」と問いかけて、子ども自身の責任を自覚させるのです。

このとき重要なのは、**親はあくまでも子どもが自分の夢を叶《かな》えるためのアドバイザー**としての立場を守ることです。子どもが自分自身で夢を描き、そのために具体的なアクションを起こし、その結果に責任を負えるように見守らなくてはいけません。

親が夢を押し付けることは論外ですが、子どもの夢を認識しているつもりでも、その実現に向けて自分が知っている「正解」を無理やり押し付けるのはよくありません。

そもそも、親が知っている「正解」は、すでに数十年も前のものです。現在、もしくはこれからの時代にそれが通用するという保証はどこにもありません。自分にとっての「正解」が必ずしもわが子にとっての近道ではないということを、親も自覚しなければいけません。

子どもが失敗しようが、回り道をしようが、それは子どもの選択の結果であり、子ども自身の人生なのだと割り切る勇気と覚悟が親には必要です。もちろん、それもまた一人の大人としての、自分自身の選択だということも自覚した上で、わが子の人生を見守ってあげてください。

結局のところ、本人が選択し、責任を負うという練習を積まないかぎり、いつまでたっても責任を取る力は身につきません。

責任を取る力がなければ、残酷《ざんこく》にも夢破《ゆめやぶ》れたとき、失敗の原因を自分以外の何かに求め続けることになってしまいます。そうなれば、新たな夢に向けて再出発することもできません。また、運よく夢を叶えたとしても、それが他人に与えられた夢であったのなら、そこから先の道が見えなくなってしまうでしょう。

「魚を与えるのではなく、魚の釣《つ》り方を教えよ」という有名な格言があります。中国の哲学者であった老子の言葉とされていますが、現代における「魚」が「夢の実現」だとすれば、「責任を取る力」こそが「釣り方」なのではないでしょうか。

子どもに責任を取る力を身につけさせることは、**夢を叶えてあげるのではなく、夢を叶える力を身につけさせる**ことにつながるのです。

あなたの家は ゲーム禁止？

家庭の教育方針といえば、現代の家庭で最も悩みの種となる問題のひとつが、テレビゲームとの付き合い方ではないでしょうか。

十数年前、「ゲーム脳《のう》」という言葉が流行し、ゲームが極度に危険視された時代がありました。当時子どもだった私は、「一日一時間まで」というプレイ時間の規制を守ることができず、親に任天堂ゲームボーイを処分されてしまいました。その後、わが家ではずっとゲーム禁止でした。

親としては私への悪影響を心配してのことだったのでしょうが、たとえゲームに夢中になって成績が落ちたとしても、そこは本人の責任、ということにしてほしかったと思います。

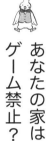

なぜなら、ゲームを禁止された結果、私は友人たちからの疎外感《そがいかん》を味わい続けたあげく、友人から中古ゲーム機とソフトを売ってもらうという方法で、親に内緒《ないしょ》で隠《かく》れゲーマーになる道を選んだからです。中古ゲームを割高《わりだか》に入手して過去の流行を追いかけ、最後まで最新のゲーム機とソフトで友人たちと遊べなかったことについては、私は今でも親をうらめしく思っています。

ゲーム依存《いぞん》の危険性をめぐる議論は今でも続いています。２０１９年にＷＨＯから「ゲーム障害」として国際疾病《こくさいしっぺい》に認定され、2020年には香川県でゲームのプレイ時間を制限する条例が制定されました。

一方で最近は「プロゲーマー」という職業が確立され、テレビゲームを「eスポーツ」という競技の一つとして認める動きも出てきています。

このような時代の潮流《ちょうりゅう》、ゲームの進化、さまざまな変化がある中で、家庭教育においてゲームを禁止することは妥当なのでしょうか。

もちろん、「妥当かどうか」という問いに正解はありません。それは親としての選択にお任せしたいと思います。

ただ、「ゲーム禁止」が法令になることは、家庭の教育方針の話とはまったく次元が違います。

そこで、次は香川県のネット・ゲーム依存症対策条例について、その問題点を考えてみたいと思います。

ゲーム禁止条例に思うこと

令和2年香川県条例第24号「香川県ネット・ゲーム依存症対策条例」については、制度上・立法過程上の批判が多く寄せられています。

この条例の中でとくに注目すべきは第18条です。

（子どものスマートフォン使用等の家庭におけるルールづくり）

第一八条

第一項　保護者は、子どもにスマートフォン等を使用させるに当たっては、子どもの年齢、各家庭の実情等《じつじょうとう》を考慮《こうりょ》の上、その使用に伴う危険性及び過度《かど》の使用による弊害《へいがい》等について、子どもと話し合い、使用に関するルールづくり及びその見直しを行うものとする。

第二項　保護者は、前項の場合においては、子どもが睡眠時間を確保し、規則正しい生活習慣を身に付けられるよう、子どものネット・ゲーム依存症につながるようなコンピュータゲームの利用に当たっては、一日当たりの利用時間が60分まで（学校等の休業日にあっては、90分まで）の時間を上限とすること及びスマートフォン等の使用（家族との連絡及び学習に必要な検索《けんさく》等を除く。）に当たっては、義務教育修了前の子どもについては午後9時までに、それ以外の子どもについては午後10時までに使用をやめることを目安とするとともに、前項のルールを遵守《じゅんしゅ》させるよう努めなければならない。

第三項　保護者は、子どもがネット・ゲーム依存症に陥《おちい》る危険性があると感じた場合には、速《すみ》やかに、学校等又はネット・ゲーム依存症対策に関連する業務に従事する者等に相談し、子どもがネット・ゲーム依存症にならないよう努めなければならない。

法令の文章は読みにくいですね。『こども六法』風に要点を訳してみましょう。

第一八条

第一項　保護者は、子どもとよく話し合って、スマホなどを使う上でのルールを決めなければいけません。また、年齢や普段のスマホ利用の状況をふまえて見直さないといけません。

第二項　スマホ・ゲームのルールを決めるときは、一日のプレイ時間を平日60分、休日は90

分までにすることを目安《めやす》とします。また、中学生までは21時、中学卒業から18歳までは22時までに、スマホの使用をやめることを目安にルールを決め、守らせないといけません。
第三項　保護者は、子どもがネット依存、ゲーム依存になりそうなときには、すぐに学校や専門家に相談しなければいけません。

いかがでしょうか。

第一項の内容についてはそのとおりと思いますが、本来的に各家庭がすべきことであり、わざわざ条例で言うようなことなのかは疑問です。

第二項では、事実上ルールの内容が決められてしまっているのですが、これこそ捉《とら》え方を誤れば「ルールだから守らなければならない」という、「理不尽《りふじん》なゲーム禁止・制限」につながりかねないでしょう。

この条例が理不尽な指導材料となるようなことがあれば、すでに説明したようなブラック校則よりもさらに教育上の弊害をもたらしかねません。

この条例には罰則《ばっそく》がなく、あくまで「努力義務《どりょくぎむ》」とされていますが、法律の専門家からも人権を侵害《しんがい》しているとの批判があります。また、高松市在住の親子が「憲法の基本的人権を侵害している」として提訴《ていそ》し、裁判《さいばん》の行方《ゆくえ》が注目されているという、さまざまな観点から見どころの多い条例となっています。

もちろんこの条例には評価すべき点もあります。

私個人として最も評価したいのは、第一項において「子どもと話し合い、使用に関するルールづくり及びその見直しを行う」と書かれている点です。とくに「見直し」の必要性に触《ふ》れられている点は高く評価できます。

スマホやゲームとの付き合い方や環境は、子どもの成長や時代の変化によって絶え間なく変わっていくものです。この変化に応じてルールも変化させなくては、ルールはすぐに無意味なものになってしまったり、理不尽なものになってしまったりします。

すでに述べたとおり、法律も含めたルールはその制定過程に主体的に参加することができ、また必要があれば変えることもできるものです。それを学ばせる観点からルールの「見直し」を推奨《すいしょう》することには強く賛同《さんどう》できます。

また、この条例にはゲームの弊害《へいがい》も詳細《しょうさい》に書かれています。実際にゲームを規制するかは別として、ゲームには弊害もあるのだという事実自体は認識しておいても損はありません。ぜひ、お子さんと一緒に読んでみてください。

私が提案したいのは、**ゲーム・スマホ依存の問題点を親子で共有したうえで、じっくり話し合い、ゲーム・スマホを活用する子ども本人にルール案を作らせる**ことです。

なにしろ、子どもの生活にとってゲームやスマホは欠かせないものですから、子どもも本気で考えざるをえません。

ルールというと、大人はどうしても「一日一時間」「21時まで」のような画一的な決まりしか思いつかないかもしれません。しかし子どもには「セーブが可能なところまで」、「イベントが終了するまで」など、子どもなりの事情もあります。

ただ規制するのではなく、プレイ時間を「直近《ちょっきん》のテストの点数の合計×分数だけ毎週プレイしてもいい」のような形で決め、ルールの中にゲーム的な要素を入れるのも楽しいでしょう。

ゲームの良いところと悪いところは何か、悪い影響を防ぐにはどうしたらいいのか、どんなルールなら守れそうか、親子で納得《なっとく》いくまで話し合ってみてください。

最終的にどんなルールに落ち着くとしても、子どもからの要望を聞いて、親子双方《そうほう》が納得のいく着地点を見つけ出すプロセスこそが重要です。**ルール作りを通じて課題を解決する力を育てる、またとない機会**になります。

ルールは自らの手で作り、守り、変えていくもの、それを知ることこそが重要なのだと、ここまで繰り返し述べてきました。

その意味で、「ゲームをできる条件」のルール化は、格好《かっこう》の法教育教材と言えるでしょう。

困難な現実を生きる子どもたちに守られる権利を

公認心理師、原宿カウンセリングセンター顧問　信田さよ子

長年、開業心理相談機関でDV被害者のグループカウンセリングを実施しています。近年そのグループでひとつの大きな柱になっているのが、DVに曝《さら》された（目撃させられた）子どもの被害です。DV被害者である母親といっしょに父親と別居したとしても、多くの子どもたちは、自分の意思とは別に父親が会いたいと言えば「面会交流」をせざるを得ないのが現実だからです。家庭裁判所の基本的方針は、離婚後に子どもに会うことを肯定《こうてい》しているからです。

過去には「こんなに子どもをかわいいと思っているのにどうして会わせないのか」という父親の不満から、不幸な殺人事件が起きてしまったこともありました。グループに参加している数人のDV被害女性たちから、父親との面会交流を迫られた小学高学年である子どもの書いた作文を読んでほしいと言われ、読む機会がありました。おそらく偶然の一致でしょうが、その子たちは『こども六法』を熟読し、中には基本的人権の言葉を書き写していた子もいたのです。

そのうちの一人である小学五年生男児の作文を要約してみましょう。

「思い出しただけでも緊張し体調が悪くなるような父親と、面と向かって会うことを家庭裁判所のひとたちはなぜ僕に強いるのだろうか。父親と離れて初めて、安心という感覚がわかるようになった僕は、それを脅《おびや》かされない権利があることを憲法を読んで初めて知った。それが基本的人権なんだ。家庭裁判所の上に憲法があるのだから、僕はちゃんと家裁の調査官に言いたいことを主張し、安心を脅かすような事態を拒否する権利もあるんだと思う。」

彼は学校の授業がきっかけで憲法の存在を知り、学校の図書室や図書館で本書を手に取って憲法全文を食い入るように読み、自分には基本的人権があることを知ったのです。まわりの大人たちが自分を守ってくれないときに、この日本には憲法があり、大人たちが守るべき法律の基本がそこには書いてあると知る。そして、無力だと思っていた自分が、この国においてちゃんと守られるべき存在だと初めて知るのです。

法律の知識は、困難な現実の中を子どもたちが生きていくための根拠を与えてくれるものでもあること、そこへのわかりやすい入口を開いたのが本書であることを、改めて知った思いでした。

第9章

被害経験者だからこそ気をつけたいこと

「子どもの逃げ道を増やし、大人の逃げ道を塞ぐ」とは

『こども六法』のコンセプトとは何か、と訊《き》かれたときに、私が繰り返し言い続けてきたフレーズがあります。それが、**「子どもの逃げ道を増やし、大人の逃げ道を塞《ふさ》ぐ」**です。

私自身は小学生時代にいじめ被害を経験していますが、実際のところ、加害者の同級生たちにはそれほど大きな恨《うら》みを抱《いだ》いているわけではありません。彼らが家庭で抱えていたさまざまな困難やストレスを思えば、むしろ同情の気持ちさえあります。

彼らをいじめに駆《か》り立《た》てるようなストレスを与える大人が、彼らの背景にいた。そして私がそのはけ口として被害に遭《あ》った。そういう意味では、むしろ加害者となった彼らの背後にいた大人たちの方を、恨めしく思わずにはいられないのです。

さらにショックだったのは、私がいじめ被害に遭っていたとき、「教育」に携《たずさ》わる大人たちが、誰一人《だれひとり》として私を助けようとはしてくれなかったことでした。

いじめが原因で私がケガをしたときも、両親が学校に相談に行ったときも、先生たちは、同情はしてくれても、問題を解決してはくれなかったのです。

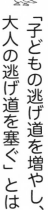

もちろん本人たちなりに、何とか解決したい気持ちはあったのでしょう。けれど、彼らの主要な関心は、いかに問題を大きくせずにすませるか、という自分たちの保身《ほしん》にしかないことは、子どもながらにひしひしと感じていました。

いじめに直面したときの大人たちのこうした対応は、私にとって、いじめ被害そのものよりも衝撃的《しょうげきてき》でした。

いつまで経《た》ってもいじめの根本的な解決は実現しませんでしたし、年度ごとのクラス替えで多少マシにはなっても、小学校を卒業して地元の中学校に進学すれば、いじめが再燃《さいねん》することは火を見るよりも明らかでした。

そのことを悟《さと》ったとき、私は絶望し、自殺しようと決め、いろいろと方法を考えたりもしました。幸か不幸かいずれのトライも未遂《みすい》に終わりましたが、そこまで追《お》い詰《つ》められていたのです。

ただし、私はいじめの加害者である同級生によって追い詰められたのではありません。責任から逃げ回る大人たちの態度によって追い詰められたのです。

先生も、学校も、教育委員会も頼りにならない。大人は誰も助けてくれない。だとすれば、あとは自分でなんとかするしかありません。残された手段は、引っ越しか、受験か、の二択《にたく》でした（当時は「不登校」という選択肢《せんたくし》はありませんでした。少なくとも私には）。

私立中学校に進学し、ようやくいじめの恐怖から逃《のが》れることができた私が、初めて六法全書《ろっぽうぜんしょ》を開いたときに考えたことは、いじめた子どもたちへの復讐《ふくしゅう》ではありません。

私が求めていたのは、**いじめがあることを知りながら、なにもしてくれなかった大人たちを追い詰めるために、法律を道具として使う方法**でした。

大人は「権利」や「人権」という美しい言葉が大好きです。でも、実際には誰も私の権利を認め、いじめから救ってはくれませんでした。

果たして当時の自分が、一体どうすれば周囲の大人を動かすことができたのでしょうか。「法律」は、その答えの一つとしてたどり着いた結論です。

「**法的な根拠を提示して助けを求めれば、大人は動かざるをえなくなる。**おおごとにしたくない、と保身を考えるなら、なおさらだ。」

これが、私が中学生にして法律を学ぶようになった動機でした。

いじめから逃れるための選択肢を増やす

大学に入学し、世のいじめ問題に何かしらの解決策を提示したいと願うようになったことで、私は自分がいじめに直面したときの経験を何度も思い返すことになりました。

あのとき私に残されていたのは「引っ越し」と「中学受験」という二つの選択肢だけだった……。それまでの私はずっとそう思いこんでいたのです。

けれど、実は二つも選択肢が残されていたことは幸運だった、ということに、大学生になってから気づきました。

私はたまたま運よく「中学受験」という選択肢を選び取ることができました。もちろん家計に余裕《よゆう》があったわけではないので、選択肢は私立でも授業料《じゅぎょうりょう》減免《げんめん》制度《せいど》のある中学校か、国立中学校に限られていました。しかし、「学区制で決められた地元の中学校以外の中学校に進学する」という選択肢があったことは幸運でした。これは誰にでも可能な選択肢とは言えないからです。

地方に住んでいたり、通える範囲《はんい》に私立の学校がなかったり、経済的に苦しかったり、両親の理解がなかったりすれば、受験はもちろん、引っ越しも選択できません。

かたや、いじめは誰もが被害者になる可能性のある問題です。

「義務教育」という、誰もが受けて当然だと理解されているシステムの中で、被害に遭った側が学校に行けなくなったり、最悪の場合は一人で悩《なや》んで自殺まで考えたりするのは、どう考えても理不尽ではないでしょうか。

いじめから逃れるために、被害者の側が転校や受験といった特殊《とくしゅ》な選択肢を選ばなければいけないのも、おかしなことです。

「義務教育」とは、「教育を受けないといけない義務」ではありません。子ども本人ではなく、大人に課《か》せられた「教育を受けさせる義務」です。この義務が転じて学校教育法では「学校に通わせる義務」となるわけですが、これは**「子どもが誰でも、安全に通うことができる学校環境を整える義務」**でもあるはずです。

この義務を果たさずに「子どもは学校に行く義務がある」などという勘違《かんちが》いを流布《るふ》するばかりでは、いじめ・不登校の問題が良くなるわけがありません。

このような観点から私は、「**なんとかしていじめに直面している子どもたちに、転校や受験といった私的な解決ではなく、公的な救済を実現したい。**それが今や大人の一人になった自分として、義務教育をよりよくすることだ」と決意したのです。

そして今でも、この決意に変わりはありません。

2021年2月に刊行した『明日、学校へ行きたくない』（KADOKAWA）の中で、私は**「無理してまで学校に行かなくてもいい」**というメッセージを発しました。

しかしそれはあくまで、「選択肢は広く持っていていいんだよ」という意味にすぎません。

もし子どもが「学校に行きたいけれど行けない」と悩んでいるのであれば、その子どもが学校に再び行けるように環境を整える責任は、やはり大人にあるのです。

「大人への恨み」を乗り越える

こうした観点から、私は自身の経験と感覚をもとに、「法教育」をいじめ問題に応用する方法を模索《もさく》し始めました。

自分が「大人の逃げ道を塞ぐ」方法として学んだ法律という選択肢を子どもにも与えたい、それによって「子どもの逃げ道を増やす」ことを決意したのです。そこから『こども六法』という構想が形になっていきました。

ですが、自身の経験からくる大人に対する根深い恨みは、研究者としては仇《あだ》になりました。学校の先生や教育委員会に対する敵意《てきい》が、私の中のバイアスとして、そのまま研究の中にも現れてしまうのです。

論文をまとめるにはまず先行研究や先行事例を収集するのですが、無意識に教育現場に対してネガティブなデータばかり集めてしまっていました。これでは研究者として公平な立場から論じることが難しくなってしまいます。

学校に出向いて調査を行う際には別の困難を経験しました。

百校近い学校から調査依頼を断られる中、ようやく調査をお引き受けいただいた学校や先生方から得られたデータは、それはそれで私とは真逆《まぎゃく》のバイアスのかかった、模範的《もはんてき》なものばかりでした。私のような部外者が研究調査をお願いして引き受けてくださるような先生方や学校は、もともと意識が高く、質の高い教育をしている場合が多いからです。

インタビューをしながら、「どうして自分は、こういう素晴らしい先生方に教わることができなかったのか」と、改めて打ちひしがれた覚えがあります。結局、この調査結果は論文にはできず、日の目を見ることはありませんでした。

しかし、この経験のおかげで、自分の偏《かたよ》ったバイアスに気づくことができました。この経験から私は、あまりにも強烈《きょうれつ》な大人不信《ふしん》からスタートしていた自身の感覚や立場を反省し、学校と共にいじめに向き合っていこうという現在のスタンスを確立することができたのです。

「元被害者」の落とし穴

いじめは複雑です。自身の加害行為に気づくことは難しく、被害経験はいつまでも印象深く心を蝕《むしば》みます。そのため、世の中にあふれるいじめ問題に関する体験談や意見のほとんどは「被害《ひがい》経験者《けいけんしゃ》」として語られるものになります。

しかし、先に挙げた私の大人不信のように、被害経験者の主張は先鋭化《せんえいか》しやすい傾向があります。このことは、加害者に向ける批判が過熱《かねつ》しやすいという意味においてだけではなく、同じ立場にあるはずのいじめ被害者に向ける視線についても注意が必要になります。

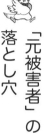

いじめ被害経験者が自分以外のいじめ被害について話を聞くとき、多くの場合は自分の経験と重ねて想像することになります。

ツライ思い出を蘇《よみがえ》らせながらいじめ被害を想像するのは苦しいことですが、時にその苦しさを紛《まぎ》らわすために、「私の方がひどい目に遭っていた。その程度はたいしたいじめじゃない」という思考に陥《おちい》ることがあるのです。

すると、その思考がなぜか被害者をさらに追い詰めるような言動に発展したり、自分自身の加害行為を知らず知らずのうちに正当化してしまったりします。

たとえば私は中学生のころ、部活の後輩《こうはい》をいじめたことがありました。ささいな気持ちのすれ違いが発展していじめ行為に至ってしまったのですが、私自身は、自分のやっていることがいじめであるという自覚は皆無《かいむ》でした。

具体的には、部活のメンバーを招集してその後輩の問題行動を議題にし、彼への対応を決める話し合いを実施しました。そして彼に部活をやめてもらうという結論を多数決で決めたのです。これは多数決という民主主義の皮をかぶったれっきとしたいじめであり、集団で一人を追い詰める行為に他なりません。

ところが私は、この話し合いの最中はもちろんのこと、先生から「それはいじめだ」と指摘されても、自分がいじめの加害者になっていると理解することができませんでした。

むしろ私は内心でこう思っていました。

「小学校で、ぼくは殴《なぐ》られ、蹴《け》られ、骨を折られた。それに比べて、バカとか死ねとかいう暴《ぼう》言《げん》すら言っていないのだから、これはいじめなんかじゃない！」

さらには、「先に原因を作ったのは後輩の方であり、自分は部活の秩序《ちつじょ》を守るためにやっている。正当だ」とすら思っていました。

でも、冷静になって考えてみると、立場の弱い後輩に対して自分がとった行動は、たしかに間違っていたと認めざるをえませんでした。

この経験は、いじめの複雑さに気づくきっかけとなりました。

当時の私には、「自分は被害経験者だからこそ被害者の気持ちがわかる。自分はいじめの加害者にはならない」という自負がありました。

しかし現実には、自分が被害経験者だからこそ、「いじめとはこういうもの」という思い込みがあり、視野《しや》が狭《せま》くなっていたのです。

この経験から私は、被害経験者だからこそ自分の物差しを目の前の被害者に当てはめていないか、いつも気をつけています。いじめ被害者から被害体験を聞くときも、「その程度のことで」と口を滑《すべ》らせてしまうことのないように、自分のバイアスで他人の経験を測ってしまわないように、と自分を戒めているのです。

とくに気をつけているのは、「いじめを乗り越えたこと」を自慢《じまん》するような態度をとらないこと、自分を「生還者《せいかんしゃ》（サバイバー）」として誇示《こじ》しないことです。

いま、この瞬間、目の前で苦しんでいる子どもにとって、「すでにいじめを乗り越えた大人」の存在はどうでもいいものです。大切なのは、自分が今すぐに救われることであって、「耐えていればいつか幸せになれる」というぼんやりとした夢ではありません。周囲の同級生たちはいじめに悩むことなく生活できているのですから、自分もそうなりたいだけなのです。

でも、相手に同情すればするほど、つい自分の経験を語りたくなってしまうものです。被害経験者としていじめと向き合うとき、自分がそういう弱さを抱えているのだということをいつも意識して、気をつけるようにしています。

子どもを励まし過ぎないで

最近はニュースや特番、書籍や新聞といったさまざまな媒体《ばいたい》で、いじめ被害に遭っている子どもに向けられたメッセージが語られています。

こうしたメッセージのほとんどは、熱のこもった励ましに満ちています。大人たちはなんとしてでも死なないでほしい、生きる希望を持ってほしいと願っているからです。

しかし、時には、そんな励ましのメッセージやアドバイスが、かえって子どもを追い詰めてしまうことがあるということも知っておく必要があります。

実は私も、その失敗を犯《おか》すところでした。

私が『こども六法』に込めた子ども向けのメッセージは、

「世の中には学校の先生や両親以外にもいろいろな大人がいて、相談に乗ってくれる」

「大人に相談するときは証拠《しょうこ》を揃《そろ》えて法的根拠《ほうてきこんきょ》を提示《ていじ》しよう。そうすることで大人がいじめられているあなたから目を背《そむ》けることができないようにしよう」

の二つでした。

そのエッセンスが凝縮《ぎょうしゅく》されたのが、巻末の「いじめで悩んでいるきみに」というパートです。いじめに悩んでいる子どもが法的な手段を用いて救われるために何をすべきなのか、その方法論を具体的に提示するこのパートは、『こども六法』のテーマを達成するために、最も重要な部分だったと言っていいでしょう。

しかし、書き上げてみると、「いじめにあったときはこうするべき」、「証拠を揃えていじめと闘《たたか》おう！」という、「励《はげ》まし」に満ちた文章になっていました。

これはとても危険なメッセージでした。いじめで悩んでいる子どもは、大人に相談することができずに悩んでいます。もしくは密《ひそ》かに、「いじめられている自分が悪いのではないか」、「自分に原因があるからいじめられているのではないか」と悩んでいます。

こうした子どもたちに「励まし」のメッセージを送ることは、「証拠を集められない自分は救われない」、「助けを求められないのは自分が弱いせいだ」と、さらなる悩みを抱かせてしまう恐れがあるのです。

このジレンマから救ってくださったのは、少年法の監修《かんしゅう》をお願いした弁護士の野村武司先生でした。

野村先生は、子どもに「法律という武器」を渡したいと躍起《やっき》になっていた私の文章に手を入れて、「法律は武器ではなく選択肢である」ことを示してくださいました。

いじめで苦しんでいる子どもがみな、学校や同級生と闘える強さをもっているわけではありません。証拠を揃えることは自身の被害経験と向き合うことであり、弱っている子どもにとってはそれだけでも精神的な負担になります。中には、証拠を集めることが困難な場合もあります。

そもそも、被害に遭ったという証拠を揃えるのは、刑事事件の場合であれば警察の仕事です。ですから、証拠を揃え、法律を武器として闘うことは、もし自分でできたらベターというだけで、できなくてもなにも問題はないのです。修正後の「いじめで悩んでいるきみに」は、この原点に立ち返った伝え方にしています。

でも、読者の中にはこの修正を不満に感じる人もいるかもしれません。

「いじめは犯罪に相当することもあるからこそ、被害に遭った子どもにはひるまずに毅然《きぜん》と対処《たいしょ》する方法を教えるほうがいいのではないか」という考えも成り立つからです。

しかし、実際には逆であるべきです。

「いじめは犯罪に相当することもあるからこそ、被害に遭った子どもがわざわざ証拠なんか揃えなくても救われなければいけない」のです。

証拠があるかないか、犯罪として証明できるかどうかが重要なのではありません。いじめに苦しむ子どもはすべて救われなければいけないのです。

こんな基本的なことを、野村先生に指摘されるまで、私は忘れてしまっていました。

被害に遭っていた当時の自分を励ましたいという気持ちが先行し、「法律で闘え！」という視野の狭いメッセージに固執《こしつ》することで、自分も読者も追い込もうとしていたのです。

この修正作業を通して、私は自分の被害経験がともすれば子どもに対する厳しい態度に結び付いてしまう危険性を、改めて認識することができました。

修正を経た「いじめで悩んでいるきみに」は、いじめはどんな場合であっても決して許されないこと、大人にはいじめを解決する責任があることを、ハッキリと示しています。

この修正があったからこそ、**「法律を知っていれば、大人に相談できなかったとしても、いじめられている自分が悪いわけじゃないんだと理解して、気持ちを軽くすることができる」**という『こども六法』のもう一つのテーマも、いっそうクリアに伝えることができました。

この気づきは、『こども六法』のコピーにも活《い》きています。当初、この本のコピーは「法律はきみを守る武器になる」だったのですが、すでにお察しのとおり、この表現も実は子どもを追い詰めかねません。そこで、「法律はきみを守る力になる」という言い方に変えました。

「いじめられっ子が法律を武器にいじめっ子と闘う」というイメージは、ドラマであればカッコイイかもしれません。けれど、現実にいじめに悩んでいる子どもを励ますには不適切です。**法律の知識は、闘うために手に取ることを求められる武器ではない**のです。

この認識の変化は、本の執筆のみならず、いじめ問題に関するあらゆる活動をするうえで、私のスタンスに大きな影響を与えました。今ではあらゆる講演活動・執筆活動の中で、子どもが抱えている「いじめがツライ、逃れたい」、「いじめられる原因は自分にあるのだろうか、仕方ないのだろうか」という悩みを取り除いてあげることに全力で努めています。

『こども六法』を嘘にするな！

『こども六法』は「六法」を名乗っている以上、実務上の運用の実態や例外はひとまず無視して、「法律に書いてあること」をそのまま載《の》せています。

しかし現実には、世の中は完全に法律どおりに動いているわけではありません。円滑《えんかつ》なコミュニケーションや人間的なスキルによって、法律に頼らずにトラブルを回避《かいひ》できることもあります。逆に、本来は法律に助けられるはずなのに、そうならずに悩んでいる人もいます。法律はあくまで一つの指標にすぎず、唯一絶対《ゆいいつぜったい》にして万能《ばんのう》な存在、というものではないのです。

一方で法律は社会生活を円滑にする目的のもとに、多くの人が合意できるように、論理的に確立されたものです。それだけに、法律が目指している目標や、法律に込められた理想には、ある程度は普遍的《ふへんてき》な価値も存在しています。

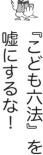

だからこそ、誰でも読める法律書として『こども六法』を世に出したのです。

刊行後には、「世の中は必ずしも法律どおりに動いているわけではない」という予想どおりの批判もありましたし、「残念ながら、守ってくれる大人なんて現実にはいない」という諦《あきら》めの言葉もたくさん寄せられました。

これは、被害を経験して大人になったかつての子どもたちの、率直《そっちょく》で実感のこもった、偽《いつわ》らざる心の叫《さけ》びだと思います。私自身も一人の被害経験者として、このような意見には残念ながら共感の気持ちがあります。

それでも私は、「誰も助けてくれない世の中」を変えることを諦めたくありませんし、今の子どもたちにいじめから逃れることを諦めてほしくありません。

このような声に応《こた》えて、私がこれから取り組まなければならない課題とは、**『こども六法』を嘘《うそ》にしない世の中の実現**だと考えています。

『こども六法』を嘘にしない世の中」のためには、誰もが助けを求めれば支援を得られ、助けが必要な人に助けたいと願う人が適切な支援をできるように、制度や仕組みを整える必要があります。

もし、このような支援体制が整わなければ、『こども六法』に書いた、「いろいろな大人に相談しよう」、「助けてくれる大人は必ずいる」、「法律はみんなを守るためのもの」というメッセージは、空虚《くうきょ》で無意味なものになってしまいます。

誰もが適切な相談先を見つけることができ、親身に相談に乗ってもらうことができ、悩みの原因が人権侵害であれば法的な解決を実現することもできる。そういう世の中が実現してこそ、誰もが子どもに対して胸を張って『こども六法』を手渡せるようになるのではないでしょうか。

また、法律に基づいて子どもの権利が救済される世の中とは、大人の権利も法律に基づいて救済される世の中でもあります。

たとえばパワハラ・セクハラ問題、ブラック企業問題、消費者問題などのように、子どもの間におけるいじめ問題と通じる問題は大人の社会にも多々あります。こういった問題に悩んでいる大人もまた、法律によって救われるべき人たちです。

『こども六法』を嘘にしないための取り組みは、大人にとっても安心して暮らすことのできる社会を目指すことでもあるのです。

第10章

誰もが夢を叫べる世の中に

法律という未知

『こども六法』はおかげさまで、当初予想していた以上に多くの読者に支持していただくことができました。その一方で、覚悟していたことではありましたが、一部の方からは受け容《い》れていただけず、批判を受けることもありました。

そのうちの一つが「法律を知ると子どもが生意気《なまいき》になる」というものです。この理由ゆえに『こども六法』を図書室や教室に置かないようにしている学校もあるそうです。

このような状況について反論したいことは山ほどありますが、少なくとも「子どもも人間である」こと、そして「子どもはやがて大人になる」こと、という二つを考えただけでも、「法律を知ると子どもが生意気になる」という主張がいかに馬鹿《ばか》げたものであるかはすぐわかるはずです。

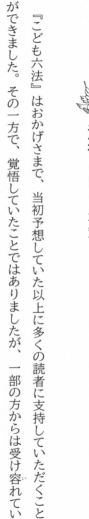

そもそも、子どもが生意気になることの何がいけないのでしょうか。

もちろん、生意気なだけの子どもが量産されれば大人が持てあますことは想像に難《かた》くありません。けれど、大人の教えることに正当な理由を求めたり、根拠をもって反論したりする子どもが果たして「生意気」なのかというと、そうではないでしょう。それとも、法律を知って生意気になった子どもは、大人に悪態《あくたい》をついたり、暴力で抵抗するようになったりするとでもいうのでしょうか。

このような誤解は、大人の法律に対する理解が十分ではないことから生じるものです。法律の知識を得ることが、「生意気になる」というイメージとはかけ離れたものであることは、本書をここまで読んでいただいたあなたには、ご理解いただけると思います。

法律は子どもにとってのみならず、ほとんどの大人にとってもあまり関わりたくない、よく知らない存在です。ですから子どもを生意気にすると誤解している場合もあるでしょうし、子どもが法的な知識を得て反論をしてくるようになると困る、という心配もあるでしょう。

法律の知識が子どもを生意気にすると考えている大人が「法律のことはよく知らないから子どもだけが知ってしまうのが怖い」と感じているのであれば、それは無理もないことです。

子どもが法的な知識で反論してくると困るという大人は、単に権威《けんい》を盾《たて》にラクをしたいだけで、しかもそのしわ寄せを子どもに負わせるということで、「教育」の目的を完全にはき違えています。

法律は学校教育では丁寧《ていねい》に教えてもらえません。それにもかかわらず、社会は「誰もが法律を知っている」という前提で動いています。

「執行猶予《しっこうゆうよ》」も「保釈金《ほしゃくきん》」も、ニュースでは当然のように使われている用語ですが、『こども六法』を読んで初めてどういうものか理解できた、という読者は大勢います。誰も意味を教えてくれないので、普段から単語だけは見聞きして何となく理解している気にはなっていますが、実際にはよくわかっていません。そして馴染《なじ》みのない法律用語は、どうせ自分には関係がないと思っているから、なんとなく恐ろしいものに思われるのです。

人間はよく知らないものに対して恐怖を抱きます。幽霊《ゆうれい》や未確認飛行物体、未知の生命体やウィルス、健康被害が懸念《けねん》される最新技術など、センセーショナルに報道されたり、恐怖心を抱いたりするものは、往々《おうおう》にして「よくわかっていない」物事ではないでしょうか。

この恐怖を克服するために、私たちは正確な知識を求めることもあれば、逆に未知との遭遇《そうぐう》を徹底《てってい》して避けることもあります。人類は未知の事象を少しずつ明らかにし、知識として身につけることで、多くの恐怖を克服《こくふく》してきました。

ましてや法律は私たちが作り、変えていくもの。知っていれば自分の権利を守ってくれたり、トラブルを解決するヒントになったりすることもあります。逃げるな、とまでは言いませんが、せっかくなら知っておくに越したことはありません。

「気になったら調べる」が批判力を磨く

できることなら大人も、法律の知識や考え方を知っていても損はありません。これまで知る機会がなかったのであれば、親子で一緒に学んでみるのはいかがでしょうか。『こども六法』を子どもに買い与えて勝手に読ませておくのもそれはそれで悪くはない使い方なのですが、親子で一緒に法律を学ぶことができれば楽しさが倍増します。

子どもは「大人も知らないことを習得する」と思うと、がぜんやる気が出るものですし、親にとっても「子どもに負けてはいられない」と思えば、積極的に学ぶことができるでしょう。

その気になりさえすれば、世の中は法律を学ぶ機会に満ちています。日々報道されるニュースや、町中《まちなか》で見かける看板、ポスターなど、よく見ると法律に関係している教材はたくさんあります。

なかには、私たちの感覚と合致《がっち》しないものもあるはずです。たとえば、多数の被害者が出た交通事故で運転者が逮捕《たいほ》されない、法律に違反した国会議員が議員辞職しない、犯した罪の残虐《ざんぎゃく》さに対して量刑《りょうけい》が軽すぎるように感じる、などなど。

こういったニュースが流れるたびに、ネットでは「司法は一般人の感覚からズレていて、けしからん」という批判が盛り上がります。

この批判は決して的外《まとはず》れではなく、司法に携《たずさ》わる人々が日々真摯《しんし》に向き合うべきポイントの一つであることは間違いありません。また実際、その感覚のズレを埋《う》めるために裁判員制度が導入されるなど、制度的な改革も行われてきました。

一方で、司法を監視《かんし》する立場の私たちも、ただ批判するだけではなく、その理由を知る必要があります。

司法の歴史の中では、捜査関係者の思い込みや被害者への同情によって、悲劇的な人権侵害がもたらされてしまった事件も残念ながら存在しています。その反省も含めて、現在の司法制度や法的な考え方が形作られてきました。

悲劇を防ぐための法的な考え方が、法律の専門家に対して求められることは当然ですが、じつは私たち一人ひとりにも大切な素養なのです。ガラケー女の冤罪事件《えんざいじけん》を思い起こせばわかるように、細かい事情を知りえない私たちの思い込みが、法的な考え方がないために暴走し、悲劇をもたらすこともあります。

このように考えると、法的な考え方は誰しもが持っておくに越したことはないと納得していただけるのではないでしょうか。

法的な考え方が身についていない私たちが逮捕《たいほ》や裁判をめぐるニュースに対して時に違和感を抱くのは、司法というシステムが、これまでに積み重ねられてきた法的な議論の蓄積《ちくせき》によって成り立っていることが原因です。

司法は法的な考え方や原則に従う必要があるために、世論《よろん》とズレていることを認識していても、一般的な感覚に迎合《げいごう》しない結論を出さざるをえない場合があるのです。

このような場合には、司法ではなく法律そのものが時代にそぐわなくなっている可能性もたしかにありますが、基本的には法的な考え方に沿った判断の方が、市民感情よりも理にかなっている場合が多くあります。つまり、**「一般的な感覚とズレているからこそ正義に適《かな》っている」という逆説が成立する**のです。

もし、興味のあるニュースがあれば、そしてその法的な判断に違和感を抱いたら、ぜひその違和感の原因や理由を探求してみてください。子どもと一緒に考えてもいいでしょう。大人であってもわからないこと、疑問に思うことはたくさんあって当然なのだ、ということを子どもに伝えてあげてください。

違和感の理由がわかっても納得できないこともあるはずです。その感覚はぜひ大切にしてください。それが司法制度をより良いものにする、建設的な批判につながっていきます。

ズレをふまえて議論するということ

私たちの間に起きるさまざまな争いは、認識のズレやコミュニケーションのズレ、常識のズレなど、さまざまな「ズレ」が原因で生じます。

このズレの原因をさらに辿《たど》ると、多くの場合はそれぞれの立場の違いに行きつきます。立場が違えば正義感も違い、感覚や主張、何を常識と捉《とら》えるかも異なります。「もともと誰もがお互いにズレている」と言ってもいいかもしれません。立場の違いによって生じるズレには善《よ》し悪《あ》しがないのはもちろん、どちらか一方の意見だけがすべて正しいということもめったにありません。

このズレを埋《う》めるために私たちは交渉《こうしょう》や議論をし、合意や約束をするのであり、これがうまくいかなかったりこじれたりしたときに争いが起きるのです。こうしたズレを埋めていく上で重要なのは、双方の主張のズレをふまえた上で、お互いの意見を最大限に反映した、ベストなバランスの取れる解決策を見つけることです。

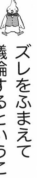

司法制度は、そのためのプロセスを整備したり、法律という判断軸を活用したりすることで、制度的にこれを実現しようとしているシステムです。

この制度を日常的に活用しましょうと言うつもりはありません。けれど、参考にするべき点はあります。ズレそのものを問題視するあまり、相手だけを一方的に攻撃《こうげき》するようなマインドでは、双方にとって望ましい解決策にたどり着くことはできません。

先に例示した「道路交通法の二つの目的」を思い出してください。

「事故を防ぎたい」という立場と「車両の利便性を享受《きょうじゅ》したい」という二つの立場の間にはズレがあります。お互いが自分の正しさにこだわっていては、いつまでたっても問題は解決しません。そのズレをうまく調整して「交通の安全と円滑《えんかつ》を図る」という落としどころを見つけることで、社会が円滑に回っていくのです。

相反《あいはん》する立場であっても感覚のズレをふまえて議論し、問題を解決する力は、グローバル社会を生きていく力でもあります。

グローバル化が進んだ社会では、多様な価値観を持つ、さまざまな国の出身者と交流することになるからです。そうなれば、現在とは比較にならないほど多様な立場の人たちと、私たちは日々交流することになります。

もちろん、日本人の間でも価値観は多様化しています。男女間、世代間、社会的立場の違いによって、価値観はみな違います。価値観のズレは時に対立を生み出し、もめ事や争いも増加するでしょう。

対立を最小限に抑える、もしくは対立が発生した際に速《すみ》やかに解決するためには、ズレをふまえて解決策を議論する力が必要不可欠です。具体的には、お互いの言い分を冷静に聞き、事実を整理し、解決策を提示して双方の納得を引き出します。そのために必要なバランス感覚や調整力は、法教育の中でも習得することができます。

この力は、未来を生きる子どもたちにとって必須であるばかりか、近未来を生きる私たち大人も身につけるべき力です。

そもそも、子どもと大人もまた、お互いに違う価値観をもっています。時には意見のズレを抱えて対立するのも当然です。それなのに「子どもが生意気になった」などと言ってズレそのものを問題視していては、なんの解決にもなりません。

そんなときにはぜひ、親子で納得いくまで話し合って、ズレを乗り越えてみてください。

議論を通じて問題を解決し、ついでに法的素養《そよう》まで身につけてしまうなんて、一挙両得《いっきょりょうとく》だと思いませんか？

幸福感と「責任を取る力」の不思議な関係

日本人は世界的にみて、幸福感が低い、自己肯定感《じここうていかん》が低い、といった統計があります。自己肯定感を高める方法を説く本もたくさん出版されていて、それだけ悩んでいる人も多いのだと思います。

これは私の持論ですが、責任を取る力を育てることは、自己肯定感を高めることにもつながると考えています。

自分の人生を自分で選択できる自己決定力を高めること、その選択の結果に責任をもつこと。これを繰り返すことが、責任を取る力を高めていきます。そして実はこのことが、自己肯定感を高めることにもつながっているのです。

自己肯定感が低い方の多くは、他人と比較して自分は劣《おと》っていると決めつけて悩んでいたり、自分には何もできないと無力感に苛《さいな》まれていたりします。

人間は他人より優《すぐ》れたところなんかなくたって、生きているだけでめちゃくちゃ凄《すご》い、と私は思うのですが、自己肯定感が低い方はそんなふうには思えないのです。

いや、こんな偉そうなことを言っている私自身も、「自分は他人と比べて優れている部分なんて何もない。生きている価値がない」と悩んでいた頃がありましたから、気持ちは非常によくわかります。

すでに述べたように、そういう方への「励まし」を強く送りたいとは思わないのですが、あえて私から何かを申し上げるとしたら、「だったら小さな選択を積み重ねて、責任を取る能力を身につけましょう！」ということです。

自己肯定感が低い人は、往々にして自分の人生を誰かに明け渡しています。自分で選択せず、自分で責任を負わない。だから自分は無力で、主体的に何かをすることはできないと思いこんでいるのです。親がどうとか、受験に失敗したとか、そういった変えられない過去にとらわれて、自分に呪《のろ》いをかけてしまい、未来の夢まであきらめるなんて、もったいないことです。

自分の幸福は自らの選択によって掴《つか》むものです。他人と比べてどんなに恵まれた状況に置かれている人でも、それが自らの選択によって掴んだものでないと感じていたり、自らが選択した幸福の定義にかなっていなかったりすれば、自分が幸せだという実感は得られません。

人生で直面するさまざまな意思決定の場面において、最終的な選択を意識的に繰り返していると、「自分は選ぶことができる」、「自分は責任を取ることができる」と自覚することができるようになります。

今日はなにを食べるか、目的地まで行くのにどの道を通るか、といった小さなことから、進学、就職、結婚、といったライフイベントまで、**すべてを自分で決め、その結果起こることもすべて自分で背負う、と覚悟する**のです。

そうすることで、「自分には何もできない」と感じていたことが、「自分にはここまでできる」に変わっていきます。

子どもの「責任を取る力」を育てることは、将来の幸福をプレゼントしていることにつながるのです。

秘伝！「選択」のコツ

大人も子どもも、親子で責任を取る力を育てるためにすぐできる実践《じっせん》を一つご紹介します。

それは、**今の自分にできることに集中する**ことです。

『7つの習慣』（スティーブン・R・コヴィー著、キングベアー出版）というベストセラーがあります。この本には「関心の輪と影響の輪」という概念が登場します。

人間には関心はあるけれども何もできない物事（関心の輪）と、自ら何かしらの影響を及ぼすことができる物事（影響の輪）が存在していて、前者にこだわるよりも後者に集中しなければならない、という話です。

たとえば、明日の天気予報が雨だとしたら、「絶対に晴れますように」と念じて天気を変えることはできませんが、傘《かさ》を持って行って雨の中でも移動できるようにすることはできます。家族で公園に行く予定だったなら、水族館や博物館などの屋内施設に出かける予定に変更してもいいでしょう。ここで「どうして明日は雨なんだ……何とか晴れてくれ」と思い悩むのは愚《おろ》かなことで、時間の無駄です。

けれど、意外とそのように悩む方はいるはずです。天気以外にも、自分にはどうしようもないことを気にして思い悩んでいることに、心当たりはありませんか？

天気は自分で選択できません。でも、だからといって自分は無力だとか、選択する能力がないと思いこんでしまうのはあまりにも惜《お》しいことです。

自分で選択できることに目を向ければ、できることは少なくありません。これは発想の転換というよりも普段からの心がけですが、この心がけのミソは、自分にできることに集中していると、自分にできることが広がっていくことにあります。

私が取り組んでいるのは「いじめ問題を解決する」という課題です。「いじめはよくない！」と大声で叫んでも、「なくなって欲しい」と念じても、いじめはなくなりません。いじめ問題は自分にはどうすることもできない関心の輪にあるのです。

でも私は、自分の経験と知識をふまえて、『こども六法』という本を作ることにしました。これは影響の輪にあることです。

こうして影響の輪に集中していた結果、今ではさまざまな出版社から子どもを救う本の企画ができないかとお声がけをいただくようになりました。テレビやラジオなどでコメントを求められ、意見を発信することもできるようになりました。学校に講演会に赴《おもむ》き、先生方から直接、いじめ問題の難しさや課題、教師の楽しさや厳しさについてお話を伺《うかが》う機会を得ることができました。どれも数年前には考えられなかったことです。

影響の輪に集中していた結果、かつては関心の輪だった部分まで、着実に影響の輪が広がったのです。

誰もが夢を叫べる世の中に

最後にもう一つだけ、法律よりも大きな話をして本書を終わりたいと思います。

それは、**「誰もが助けを求めることができ、誰もが助けてもらうことができる社会」の先に、「誰もが夢を叫べる社会」があってほしい**という願いです。

「法制度」という仕組みは、「平和に、安全に、快適に暮らしたい」という人々の夢と願いを具体的に叶《かな》えるために、少しずつ整備されてきました。必ずしも満場一致《まんじょういっち》の賛成で実現したものばかりではなく、強い反対意見が未だにある法制度もあれば、ほんの一部の人たちの小さな声から実現したものも多くあります。

「民主主義＝多数決」と思われがちですが、実はそうではありません。本当に民主主義が多数決だけなのであれば、マイノリティの人権保障やバリアフリー、公害病被害者の救済のような政策は実現しないでしょう。

逆に、かの有名な独裁者《どくさいしゃ》、アドルフ・ヒトラーは選挙によって権力を握りました。ここではあえて「民主主義によって」とは言いませんが、彼は紛《まぎ》れもなく多数決によって誕生した独裁者だったのです。

それでは結局、民主主義とは何でしょう。

多数決もまた民主主義の一部であることは確かですが、**私は民主主義を、「少数派の意見に耳を傾けることで多数派がハッとするための仕組み」だと考えています。**

少数派の主張に耳を傾け、適切に批判を加えて、主張をブラッシュアップする。その中で、多数派にとっても有益《ゆうえき》な、新たな社会の仕組みや決まりを発明する。それこそが民主主義の醍醐味《だいごみ》ではないでしょうか。

このように考えているからこそ、私自身は身体障がい者でも、少数民族でもないけれども、こういった人権問題への関心をつねに持っているのです。

念のために繰り返しますが、「情《なさ》けは人のためならず」であって、「かわいそうだから」ではありません。こういった主張を行うことは誰にとっても正当な権利であり、その権利を守ることは自分の権利を守ることにつながっているのです。

このような社会制度の話に限らず、「誰かの夢」というもっと大きな話についても、私は同じように考えています。

誰もが夢を抱き、それを表明できる社会になってほしい。

それを「権利だ」と言うのはもしかしたら違うのかもしれませんが、他人の夢を嗤《わら》うのではなく、無理に応援するのでもなく、「当たり前のこと」にしたいのです。

それは誰かを幸せにするため、などという崇高《すうこう》な夢である必要はありません。誰かが「応援したい」と思ってくれるような夢を持ち、それを表明すればいいのです。たとえ誰も応援しようと思わない夢だとしても、臆《おく》することなく表明できるなら、それはそれで素敵《すてき》なことです。

子どもが夢を語りだしたとき、周りの大人が必ず応援しなければいけない、ということでもありません。気に食わなければ放っておけばいいし、応援したいと思う他の大人がきっと応援してくれます。もちろん親として、子どもの夢の実現にまで責任を負う必要はありません。でも、**夢を表明できる子どもに育てることは、もしかしたら親としての責任かもしれません。**

自分で描いた夢を、言葉や行動で表すように意識づけることは、自分の力で夢に近づいていく原動力になります。

親としては、「自分の夢ばかりでなく、他人の夢を尊重できる人間になってほしい」と思うかもしれません。けれど、「自分が夢を語っても誰も否定しない、だから自分も他人の夢を否定しない」、そんな利己的《りこてき》な順序でもいいのではないでしょうか。

私は『こども六法』を、「この本一冊で、いじめの被害に遭っていた当時の自分自身を救う」

という利己的な夢を実現するために作りました。しかし、この夢が明確で、利己的だったからこそ、さまざまな困難を克服することができたのです。結果的には、同様に考える多くの方々に受け容《い》れていただくことができました。

そして今では、同様の夢を持つ人たちを支援する活動をしています。『こども六法』を支援してくれた人たちもそうだったのかもしれませんが、自分の夢が支援を受けることができたからこそ、人の夢を支援できることが楽しくて、幸せなのです。

いずれはまた、私も夢の実現のために人の助けが必要になる日が来るかもしれません。その意味では、実はこの話も「情けは人のためならず」につながってきます。

本書の最後にこの話をしたのは、「自分の夢をみんなが叶えてくれる。だから私も人の夢を応援しよう」という循環《じゅんかん》は、社会全体を良くしていくと考えているからです。

もし、この考えに賛同してくださるのであれば、あなたのお子さんの夢ではなくても、応援したいと思える夢を見つけたら、ぜひ応援してください。そして、もしお子さんの夢が応援したくないものであったときも、決して邪魔《じゃま》したり潰《つぶ》したりしないでください。

私は今後の目標の一つとして、「誰もが夢を叫べる世の中にする」ことを、「いじめ問題を解決する」という目標と併せて、ここで叫びたいと思います。

10年後、一緒にその答え合わせをしましょう。

おわりに

この本の読後感は、少しモヤっとしているかもしれません。『「こども六法」の使い方』のくせに教え方のハウツーが少なかったり、あまり法律と関係ないような話があったり、いじめ問題についての記述が思ったより少なかったり。でも、『こども六法』を片手に、本書がもつ「複雑さ」を少しでも楽しんでいただけたなら、この世界が持つ「複雑さ」も楽しんでいただけるのではないかと思います。

世界はとても複雑です。日本には「風が吹けば桶屋《おけや》が儲《もう》かる」ということわざがありますが、「そこ、つながってんのかい！」とツッコミを入れたくなるような不思議な関連が、世界中のあらゆる事象に潜《ひそ》んでいます。

このことわざの元々の意味は「実際には起こりそうもない無理やりなこじつけ」だそうですが、実際にはことわざの事例も顔負けの、驚くような関連があることが少なくありません（最近の例だと、新型コロナの流行でホットケーキミックスが品薄、とか）。

これからの時代を生きる子どもたちには、こうした世界の複雑さと向き合う力を身につけてほしい、本書にはそんな願いが込められています。

「いじめは犯罪だ」というのは、とてもシンプルでパワフルなメッセージです。『こども六法』は当初、その明確なメッセージとともに、多くの読者の支持をいただきました。

しかし、「いじめは犯罪だ」という主張がどんなに賛同を得たとしても、それだけではいじめ問題は解決しません。いじめは社会のあり方と絡《から》み合った、とても複雑な問題だからです。

いじめる側の問題も解決できないかぎり、『こども六法』に犯罪だと書いてあるから、もういじめはやめよう」と改心する、おとぎ話のような解決は期待できません。実際にいじめっ子が逮捕されることもめったにありません。

こんなことを言うと、『こども六法』を支持してくださった読者のみなさんにはがっかりされてしまうでしょうか。

僕が『こども六法』で本当に伝えたかったこととは、「こういういじめは犯罪になる」という知識ではなく、法律の背景にある考え方やマインドでした。だからそのマインドを親子で学び、考えていただくためにこの本を書いたのです。

法律は、みんなが幸せで安全に暮らせる世の中を実現するために、さまざまな対立のバランスを取ろう、というマインドにもとづいて作られています。そうしたマインドを理解していただくことによって初めて、いじめが起きてしまう社会や、子どもたちを取り巻く環境を根本から変えることが可能になってくるのです。

複雑な物事を解決するためには、まず問題を細分化し、整理し、考えられるかぎりの原因を見つけ出し、検討することが必要です。

その際には、くれぐれも、問題の単純化に惑《まど》わされないようにしてください。

「『こども六法』さえあれば、いじめはたちまち解決する！」という主張は、一見魅力的《みりょくてき》ではありますが、とても危険な考え方です。現実に起きているいじめは、一冊の本で即解決、というわけにはいきません。

複雑ないじめ問題と向き合っていくことには、先の見えないトンネルを小さな懐中電灯《かいちゅうでんとう》一つで歩くような不安と恐怖を感じます。

でも、問題が複雑だからこそ、その解決はやりがいがあり、楽しみであるととらえることもできます。そうすれば、迷うことなく、道草を食うことなく、まっすぐではなくとも着実に進むことができるようになります。

問題の単純化は、真の解決を見えなくさせる危険な存在です。

解決したつもりになりたいという誘惑《ゆうわく》を退《しりぞ》け、複雑な問題を、できるだけ複雑なままに理解することを心がけ、その楽しさ、奥深さを知っていただけたなら、本書の目的は達成されたと思っています。

ものごとの複雑さをありのままにとらえ、その背景を理解しようと努力するマインドは、いじめ問題に限らず、日々耳にするさまざまな社会課題を考える上でも役立ちます。

身の回りにあふれる社会的な課題は、なぜもっと単純に解決されないのか。

SNSで多数を占める意見が採用されないのはなぜなのか。

権力者の怠惰《たいだ》や陰謀《いんぼう》のせいではないのか。

問題を解決するために、実際にはどんな取り組みがされているのか。

つねにこんな疑問をもち、自ら情報を集めたり、ニュースの論点を深掘《ふかぼ》りしたり、といった癖《くせ》をつけておくことは、今後の世界を生きていく力になります。その力を育てる上で、『こども六法』はきっと役に立つと信じています。

こうして身につく「世界で生きていく力」は、大げさに言えば、やがて世界を変える力にもなるかもしれません。

その可能性を拓《ひら》いていくのはあなたであり、僕である……と言いたいところですが、もしかしたら、子どもたちが先に実現してしまうかもしれませんね。
そんな子どもたちの無限の可能性を狭《せば》めてしまうことがないように、ともに考え続けていきましょう。

2021年7月

山崎 聡一郎

謝辞

　2013年にたった一人で始めた「法教育を通じたいじめ問題解決」という研究。その中で生まれた『こども六法』の実現に向けた10人ほどの学生仲間たちが力を貸してくれたのが2014年のことでした。その後4年間にわたって様々な出版社にプロトタイプを持ち込んでは頓挫を繰り返しましたが、2018年にプロデューサーを名乗り出てくれた小川凛一くんのお陰でプロジェクトが息を吹き返し、クラウドファンディングを始めとして沢山の方々の後押しによって『こども六法』の出版が実現しました。刊行後、日本中からさらなる賛同の声や支援をいただき、『こども六法』は当初の目標であった「子どもたちが手に取ることができる法律書」としての地位を確かに実現しつつあります。一方で、『こども六法』は法教育副教材として広く使われることを目指して私個人の意見や主張を極力記述しないように心がけていたため、本書冒頭で述べたようにさまざまな誤解や意図に反する使用方法を主張する大人も多くいました。

　このような状況を目の当たりにする中で、『こども六法』とはまた別に、私自身の考えや願いを伝える本を世に出したいと願うようになり、『こども六法』を一緒に生み出してくださった弘文堂の外山千尋さんと一緒に本書の企画を進めることになりました。執筆が始まったのは2020年6月のことでしたが、気づけば刊行まで一年以上を要することになってしまいました。外山さんはもともと作家や著述家になろうなどとは微塵も考えていなかった未熟な著者の拙い文章に徹底的な修正を加え、多くの読者にとって読みやすい書籍となるように粘り強く付き合ってくださいました。またこの一年以上の間に、本書をより読みやすく、気づきの多い本に仕上げるため、子育て真っ最中の友人たちや、弁護士や学校教員の先生方にも忌憚のないご意見をお寄せいただきました。そして『こども六法』に欠かすことのできない、親しみやすさと人間味あふれる動物たちのイラストを描いていただいた伊藤ハムスターさんには、本書も含めたさまざまな企画で引き続きお力添えを賜り、伝えきれないほどの感謝の気持ちでいっぱいです。

そして、本書は私個人の意見や主張を一方的に伝える本としてだけではなく、できる限りいろいろな専門家の方々の意見を、必ずしも私の主張に合致しないとしてもきちんと併記した本にしたいと考えました。そこで、法教育やいじめ問題、虐待やメディアリテラシーといった子どものさまざまな教育に取り組まれている先生方にコラムをお寄せいただくことにしました。今回、私のような若輩者の著作に熱い思いのこもったコラムをお寄せいただいた真下麻里子先生、池上彰先生、尾木直樹先生、下村健一先生、内藤朝雄先生、小森美登里先生、信田さよ子先生に、厚く御礼申し上げます。

そして最後に、「こども六法プロジェクト」をご支援いただいている皆様に。「こども六法プロジェクト」は、『こども六法』だけではカバーできなかった悩みや子どもたちにアプローチするために、各社からアイディアやノウハウを持ち寄っていただき、書籍を作ってきました。「子どもたちのために、『こども六法』が広まって欲しい」と、熱い思いを持って『こども六法』を広めてくださった書店、図書館、メディアのすべてがプロジェクトの支援者です。『こども六法』を学校や学童などに寄贈してくださった方もいらっしゃいます。

こうして『こども六法』が広まっていくことはもちろん著者としては喜ばしいことですが、これだけたくさんの方々が単に『こども六法』という「モノ」を広めたいと思っているのではなく、心から「子どもたちを救いたい」と願ってくださっているという事実こそ、子どもたちに胸を張って伝えたいと感じます。このようなムーブメントの実現に大きな力を与えてくださったお一人お一人に、ここで改めて感謝の気持ちをお伝えしたいと思います。

悩みを抱えた子どもたちがきちんと救われる世の中に向けて、私自身も動き続けていきたいと思いますし、「こども六法プロジェクト」にお力添えいただいた皆様には、ぜひ本プロジェクト以外の取り組みにも積極的な支援をしていただきたいと願っています。そうして一人ひとりが自分にできることを重ねていった先に、大人も含めた誰もが安全で快適に過ごすことができる社会が実現すると信じています。

山崎聡一郎

参 考 文 献

芦部信喜・高橋和之（2011）『憲法　第五版』岩波書店
阿部泰尚（2020）『いじめを本気でなくすには』角川書店
大谷實（2010）『エッセンシャル法学　第５版』成文堂
大村敦志・土井真一（2009）『法教育のめざすもの－その実践に向けて－』商事法務
岡本茂樹（2013）『反省させると犯罪者になります』新潮新書
北澤毅（2015）『「いじめ自殺」の社会学』世界思想社
北澤毅・片桐隆嗣（2002）『少年犯罪の社会的構築－「山形マット死事件」迷宮の構図－』東洋館出版社
コヴィー、スティーブン・R（1990）『7つの習慣－成功には原則があった！－』キングベアー出版
小西洋之（2014）『いじめ防止対策推進法の解説と具体策』WAVE 出版
下村健一（2010）『マスコミは何を伝えないか－メディア社会の賢い生き方－』岩波書店
土井隆義（2008）『友だち地獄－「空気を読む」世代のサバイバル－』筑摩書房
内藤朝雄（2001）『いじめの社会理論－その生態学的秩序の生成と解体－』柏書房
内藤朝雄（2007）『“いじめ学”の時代』柏書房
藤井俊夫（2007）『学校と法』成文堂
藤川大祐（2018）『道徳教育は「いじめ」をなくせるのか－教師が明日からできること－』NHK 出版
真下麻里子（2019）『弁護士秘伝！教師もできるいじめ予防授業』教育開発研究所
森口朗（2007）『いじめの構造』新潮新書
森田洋司・清永賢二（1994）『いじめ　教室の病い』金子書房
森田洋司総監修 / 監訳（1998）『世界のいじめ－各国の現状と取り組み－』金子書房
森田洋司（2010）『いじめとは何か－教室の問題、社会の問題－』中公新書

著者紹介

山崎　聡一郎　やまさき そういちろう

1993年、東京都生まれ。

教育研究者、ミュージカル俳優、写真家。合同会社Art&Arts社長。慶應義塾大学SFC研究所所員。

慶應義塾大学総合政策学部卒業。一橋大学大学院社会学研究科修士課程修了。修士（社会学）。

学部時代に制作した『こども六法』を2019年に弘文堂より刊行。本書の取り組みが評価され、第54回新風賞受賞、第12回若者力大賞ユースリーダー賞受賞。

その後、「知識を授けることでこどもを救う」という理念に共感したさまざまな出版社から支援を受け、「悩んだ子どもの選択肢を増やす」べく、多様な書籍を刊行。

日本初の法教育学習塾「こども六法スクール」を運営するほか、法と教育学会正会員、日本学生法教育連合会正会員、NHK「いじめをノックアウト」番組委員などを務め、研究と実践の両面からいじめ問題に取り組んでいる。

ミュージカル俳優としての顔も持ち、劇団四季「ノートルダムの鐘」、S&D Project「ひみつの箱には、」等に出演。板橋区演奏家協会理事。

著　書

『こども六法』弘文堂、2019年
『こども六法すごろく』幻冬舎、2020年
『明日、学校へ行きたくない』（共著）KADOKAWA、2021年
『こども六法NEXT　おとなを動かす悩み相談クエスト』（監修）小学館、2021年
『ネットが最強のパートナーになるネット・スマホ攻略術』講談社、2021年
『まんがこども六法　開廷！こども裁判』（原案）講談社、2021年
『自分と世界をつなぐ　まっすぐ人間関係術』講談社、2021年
『こどもモヤモヤ解決ドリル』風鳴舎、2021年
『10代の君に伝えたい　いじめの中でぼくが見つけた未来を切りひらく思考』
　朝日新聞出版、2021年

こども六法の使い方

2021（令和3）年9月15日　初版1刷発行

著　者　山崎　聡一郎
発行者　鯉渕　友南
発行所　株式会社 弘文堂　101-0062　東京都千代田区神田駿河台1の7
TEL 03(3294)4801　振替 00120-6-53909
https://www.koubundou.co.jp

イラスト　伊藤ハムスター
デザイン　高嶋　良枝
印　刷　三報社印刷
製　本　井上製本所

ISBN978-4-335-55205-2